Coiglímis an Tine

Cnuasach Seanchais agus Scéalta Bhab Feiritéar

Coiglímis an Tine

Cnuasach Seanchais agus Scéalta Bhab Feiritéar

Bo Almqvist
agus
Roibeard Ó Cathasaigh

a chóirigh agus a chuir in eagar

Oidhreacht Chorca Dhuibhne, Baile an Fheirtéaraigh, Trá Lí, Co Chiarraí.
2010

An Chéad Chló 2010
© Na hÚdair 2010
© Taifeadtaí fuaime CD 1: 13, 21, 22, 26; CD2: 1, 2, 10, 11 RTÉ Raidió na Gaeltachta
ISBN: 9780906096154

Tá maoiniú fial fachta ag an bhfoilseachán seo ó:

Foras na Gaeilge

RTÉ Raidió na Gaeltachta

Comharchumann Forbartha Chorca Dhuibhne

COLÁISTE MHUIRE GAN SMÁL
OLLSCOIL LUIMNIGH

Oidhreacht Chorca Dhuibhne
Baile an Fheirtéaraigh, Co. Chiarraí. Teil.: 066 9156100
www.oidhreacht.ie

Dearadh: Denis Baker, The Unlimited Design Co.
Clúdach tosaigh: Bab Feiritéar, grianghraf le Pat Langan

Do Mhuintir Fheiritéar Bhaile na hAbha

CLÁR

ORTHAÍ AGUS PAIDREACHA

AGUISÍNÍ

NÓTA AR AN TRASCRÍOBH

TRÁCHTAIREACHT

NODA AGUS FOINSÍ

RIANTA

NA hEAGARTHÓIRÍ

Sualannach, Ollamh *Emeritus* agus Iar-Cheann Roinn Bhéaloideas Éireann, An Coláiste Ollscoile, Baile Átha Cliath, is ea Bo Almqvist. Scéalaíocht agus tuiscintí traidisiúnta Chríoch Lochlann agus na hÉireann a réimse speisialtóireachta agus tá mórán foilsithe aige ar na hábhair sin, ina measc *Viking Ale, Studies on folklore contacts between the Northern and the Western worlds* (1991). Tá a lán bailithe aige ó Bhlascaodaigh, go háirithe ó Mhícheál Ó Gaoithín, mac Pheig Sayers. Ba chomheagarthóir é ar *Peig Sayers, Labharfad le Cách* (2009) agus ar chnuas-scéalta Bhab Feiritéar, *Ó Bhéal an Bhab* (2002).

Is ó Lios Póil i nDuibhneacha do Roibeard Ó Cathasaigh, agus Léachtóir Sinsearach le Gaeilge é i gColáiste Mhuire Gan Smál, Ollscoil Luimnigh. Tá saothrú sainiúil déanta faoina stiúir i réimse na hinsinte béil traidisiúnta don aos óg, faoi scáth an Togra Bhéaloidis i mBunscoileanna Chorca Dhuibhne. Ba é a chuir eagar ar an tsraith a d'eascair as *Rabhlaí Rabhlaí* (1998), *Scéilín Ó Bhéilín* (2003), *Tídil Eidil Éró* (2009). CD ceoil agus seanchais le Jimmí Ó Sé, *Malairt Poirt ó Cheann Trá* (2006) in eagar aige, agus comheagarthóir é ar *Ó Bhéal an Bhab* (2002).

NÓTA BUÍOCHAIS

Tá ár mbuíochas tuillte ag an meitheal ildánach a thacaigh go fonnmhar linn i mbun an tsaothair seo: Jeaic Ó Muircheartaigh, Bainisteoir Réigiúnach RTÉ Raidió na Gaeltachta, Baile na nGall, a chuir cartlann an Raidió ar fáil go fial dár gcúram; Tomás Mistéal, teicneoir sa stiúideo, a sholáthraigh ábhar fuaime dúinn; An tOllamh Ríonach uí Ógáin, Stiúrthóir Chnuasach Bhéaloideas Éireann, a cheadaigh dúinn leagan de scéal agus pictiúirí ón gcartlann a fhoilsiú anseo; Criostóir Mac Cárthaigh, a sholátharaigh léarscáil de na logainmneacha a luann Bab, agus a thug cúnamh fónta eile; agus Anna Bale a thacaigh linn chomh maith.

Thacaigh comhghleacaithe le Roibeard i gColáiste Mhuire Gan Smál go flaithiúil lenár saothar, ina measc Mick Healy, Stiúrthóir Choiste Taighde an Choláiste a thug deontas don bhfoilseachán; Jim Coleman agus Mícheál Ó Maolchathaigh ón Aonad Closamhairc; Mary Meaney; agus Breandán Ó Cróinín, a léigh dréacht den bhfoilseachán agus a dhein moltaí fiúntacha.

Táimid faoi chomaoin mhór ag institiúidí agus ag daoine eile a lig dúinn féachaint ar a gcnuasaigh agus clár cuimsitheach ar stór scéalta an Bhab á fhorbairt againn: RTÉ Raidió na Gaeltachta; Pól Ruiséal, Stiúrthóir, Ionad na Gaeilge Labhartha, Coláiste Ollscoile Chorcaí; An tAonad Closamhairc, An Coláiste Ollscoile, Baile Átha Cliath, agus Ruth Uí Ógáin, Dún Chaoin.

Tá ár mbuíochas ag dul chomh maith do Bhreandán Feiritéar a sholáthraigh pictiúirí agus a thug tacaíocht éirimiúil dúinn ar mhórán slite; Seán Ó Coileáin, Ollamh *Emeritus,* Coláiste Ollscoile Chorcaí; Gearóidín Nic Cárthaigh; Dáithí de Mórdha, Ionad an Bhlascaoid, Dún Chaoin; Liam Ó Cathasaigh a dhein eagarthóireacht ar ábhar fuaime an fhoilseacháin; Ger Williams (Trend Studios) a mháistrigh; agus do gach duine eile a thacaigh linn i ngnéithe iomadúla.

Gabhaimid buíochas ar leith le Gearóid Ó Brosnacháin, Bainisteoir, Comharchumann Forbartha Chorca Dhuibhne; le Máire Uí Shíthigh, Stiúrthóir Oidhreacht Chorca Dhuibhne; agus le Caitríona Ní Chathail a chuir comaoin ar an bhfoilseachán le léamh na bprofaí agus lena comhairle.

Thar aon dream eile, tá ár mbuíochas ag dul do mhuintir Bhab, gur dóibh a thiomnaímid an saothar seo, mar chomhartha buíochais as an gcóir mhuinteartha a chuireadar go leanúnach orainn le blianta fada agus sinn i bpáirt lena máthair mhaoineach Bab, bun agus barr an tsaothair seo arís.

Samhain 2010

Bo Almqvist   *Roibeard Ó Cathasaigh*

RÉAMHRÁ

An scéalaí agus a cuid scéalta
Bhí Cáit Feiritéar (Ní Ghuithín) ó Bhaile na hAbha, Dún Chaoin, Co. Chiarraí (1916-2005) – nó 'Bab', nó go deimhin 'An Bhab', mar ab fhearr aithne uirthi – ar dhuine de na scéalaithe traidisiúnta deireanacha in Éirinn. Ba leor sin go gcuirfí spéis inti, ach bhí mórán eile ag baint léi a d'fhág gur dhuine ar leith le traidisiún ar leith í. Tá saibhreas as an ngnáth ag baint lena stór ilghnéitheach béaloidis. Dealraíonn sé go raibh timpeall 200 scéal aici.[1] Ina theannta sin, tá an-éagsúlacht ina stór scéalaíochta, idir sheanscéalta fada iontais agus scéalta rómánsúla, chomh maith le finscéalta gearra de gach sórt. Ach ní ar insint scéalta traidisiúnta amháin a rug Bab an chraobh léi; ní raibh aon teora ach oiread leis an dtaisce íomhánna a bhí aici, a ghaibh leis na heachtraí iomadúla neamhghnácha a chonaic sí le linn a marthana. Bhí ar a cumas chomh maith cuimhneamh ar gach rud a chuala sí ó bhéal a muintire idir ghaolta is chomharsain faoin seanashaol, an saol úd sara dtáinig na háiseanna nua-aimseartha mar aibhléis, uisce reatha nó gluaisteáin go dtí pobal an pharóiste.

Conas mar a cuireadh an cnuasach seo i dtoll a chéile
Le tiomsú *Ó Bhéal an Bhab*, a tháinig ar an bhfód i 2002, dheineamar an chéad iarracht Bab a chur i láthair an phobail agus rogha dá cuid scéalta a chur ar fáil i gcló fara taifeadtaí fuaime.[2] Mar sin féin, fiú sarar foilsíodh *Ó Bhéal an Bhab*, thuigeamar go raibh gnéithe dá traidisiún arbh fhiú dúinn a phlé níos doimhne agus gnéithe eile ná raibh pléite againn in aon chor. Is iarracht an foilseachán seo ar an mbearna úd a líonadh. Chuir Bab suim mhór sa togra úr seo, ag beannú go geanúil gealchroíoch dúinn mar ba dhual di, ar theacht dúinn ar cuairt uirthi go moch ar maidin nó déanach istoíche. D'fhreagair sí ár gceisteanna ar fad go toilteanach foighneach, agus níor léirigh sí aon leisce riamh tabhairt faoi thaifeadadh a dhéanamh in athuair nuair ba ghá. Ar a shon sin is uile, cé go raibh sé d'aidhm againn scéalta áirithe

a bhí ar eolas againn a bheith i stór Bhab a chur ar fáil an turas seo, chuir a breoiteacht i mblianta beaga déanacha dá saol, bac orainn. Go háirithe, chuaigh cumas Bhab chun scéalta fada a eachtraí i léig, agus bhí scéalta áirithe ina measc ar theastaigh uainn go géar iad a sholáthar sa chnuasach seo. Ar ámharaí an tsaoil bhí taifeadtaí den scoth de na scéalta céanna déanta cheana ag RTÉ Raidió na Gaeltachta. Táimid fíorbhuíoch den Raidió as na scéalta sin a sholáthar dúinn.

An saothrú go dtí seo ar scéalta agus ar sheanchas Bhab
Fiú amháin má chuirtear an cnuasach seo agus a bhfuil in *Ó Bhéal an Bhab* le chéile, is léir nach bhfuil ann ach beagán de stór Bhab. Ar ámharaí an tsaoil ní sinne amháin a bhailigh béaloideas uaithi. Gheofar suirbhé ar an mbailiú úd mar ab eol dúinn é sa Réamhrá in *Ó Bhéal an Bhab.*[3] Is féidir cur leis an liosta úd anois áfach. Tar éis di páirt ghníomhach a ghlacadh sa chath chun scoil Dhún Chaoin a choimeád ar oscailt (1970-73) bhí an-fhonn ar Bhab tacú le hiarrachtaí chun ábhar traidisiúnta i nGaeilge a chur ar fáil do leanaí bunscoile. Dob í a bhí mar ancaire ag an dá fhoilseachán, *Rabhlaí Rabhlaí,* ar na rannta traidisiúnta,[4] agus *Scéilín ó Bhéilín,* ar na scéalta traidisiúnta. Bhain sí feidhm as a cumas aithriseoireachta sa dá scigscéal slabhra 'An Cat agus an Luch' agus 'Cearc an Phrompa' agus sa scéal corraitheach cráifeach 'Miórúilt na Nollag' san fhoilseachán déanach úd.[5] Lena chois sin, is ceart tagairt ar leith a dhéanamh don ábhar a bhailigh scoláirí Gaeilge in Ollscoil na hÉireann Gaillimh i 1990-91, agus a foilsíodh sa leabhar *Tobar an Dúchais.*[6]

Fairis sin, tugadh go leor airde ar Bhab tar éis a báis, i measc scoláirí agus sa phobal i gcoitinne. Tugadh aitheantas dá héachtaí in *Béaloideas,* Iris an Chumainn le Béaloideas Éireann, eagras ina raibh sí ina ball oinigh.[7] Deineadh a bás a thuairisciú go forleathan sna meáin nuachta. Thiomnaigh RTÉ Raidió na Gaeltachta an clár 'An Saol ó Dheas' do Bhab go luath tar éis a báis i dtús an Mheithimh, 2005 agus sraithchláracha di i 2006. Léiríodh urraim an phobail áitiúil di in ailt chuimhneacháin[8] agus cuireadh an phúir a thug a bás ar an gcultúr Gaelach in iúl do chách in alt in *The Irish Times*, *'Renowned scéalaí with storytelling in her blood'*.[9] Buanófar cuimhne ar Bhab toisc í a bheith áirithe in *Beathaisnéis*, i gcomhluadar gaiscíoch eile i ngort na litríochta agus an chultúir Ghaelaigh.[10] Is onóir neamhghnách í seo do bhanscéalaí (agus go deimhin d'aon scéalaí), ach onóir í a tugadh dá comhpharóisteánach cáiliúil Peig Sayers chomh maith. Thairis sin is cuí a lua, go n-ainmneodh Coláiste Ollscoile Chorcaí duais ina honóir i 2005, i gcuimhne ar a rannpháirtíocht rathúil i gcomórtais an Oireachtais.[11] Comhartha bhreise ar an spéis a mhúscail scéalta Bhab i measc lucht léinn ná go bhfuil tráchtas dochtúireachta uirthí le Gearóidín Nic Cárthaigh i gColáiste Ollscoile Chorcaí, *Scéalaí Duibhneach*, *Staidéar Eitneagrafaíoch i gcomhar le Bab Feiritéar*.

Faoi mar atá luaite cheana, bhí éileamh ag an bpobal ar *Ó Bhéal an Bhab* agus baintear feidhm choitianta as i gcúrsaí scoile agus ollscoile araon. Is é ár nguí go gcomhlíonfaidh an cnuasach úr seo na feidhmeanna céanna agus a thuilleadh nach iad.

Foghlaim teanga agus staidéar canúna
Cé nach í foghlaim na teanga príomhaidhm an chnuasaigh seo, ta súil againn gur áis a bheidh ann di, a bhuíochas do ghuth an scéalaí ar na dlúthdhioscaí agus don dtéacs a ghabhann lena gcois. (Tá an modh trascríofa ar aon dul leis sin ar bhaineamar feidhm as in *Ó Bhéal an Bhab*, mar a bhfuil tagairtí do shaothair a bhaineann le Gaeilge Chorca Dhuibhne ar fáil ann chomh maith.[12]) Stór focal na scéalta traidisiúnta is mó atá san fhoilseachán seo, agus is féidir blaiseadh de sin a fháil ó bheith ag éisteacht leis na taifeadtaí i dtús báire, le cúnamh ón dtrascríobh. Gheofar saintéarmaí agus cainteanna ceolmhara sna míreanna a chuireann síos ar shaol Bhab. Chomh maith leis sin, tá na scéalta atá á gcur againn in bhur láthair an-oiriúnach d'fhoghlaimeoirí, a bhuíochas do ghuth gléghlan agus do bhlas béal-líofa Bhab. Dóibh siúd ar spéis leo staidéar ar chanúintí, ba dheacair taifeadtaí chanúint Chorca Dhuibhne ní b'fhearr a fháil. Is féidir staidéar tairbheach a dhéanamh ar a cuid cainte le

cúnamh ón mbunsaothar ar chanúint na dúthaí, *Gaeilge Chorca Dhuibhne* le Diarmuid Ó Sé.[13]

Seasmhacht agus éagsúlacht sa traidisiún scéalaíochta
Ba é ba thábhachtaí dúinn, áfach, cnuasach a chur le chéile a leagfadh bunchloch chun na tréithe ealaíonta i scéalaíocht Bhab a léiriú, mar níl aon amhras ná gur déantús ealaíonta iad a scéalta, nach lú a luach in aon tslí ná saothar litríochta. Tá difear eatarthu, áfach. Ní heol cé chum na scéalta traidisiúnta, bíonn éagsúlacht iontu le gach insint, ach fós coimeádtar an príomhphlota agus an struchtúr, sa tslí gur féidir 'an scéal céanna' a aithint i gcónaí. Ceist lárnach i staidéar an bhéaloidis is ea nádúr na n-athruithe seo, agus na cúiseanna gur ann dóibh. Tá na modhanna ar féidir feidhm a bhaint astu chun na gnéithe seo a chíoradh an-oiriúnach i gcás scéalta Bhab.

Bailiú iomadúil
Aithnítear a thábhachtaí is atá sé go mbeadh teacht ar chnuasaigh théagartha ó scéalaithe ar leith. Ba cheannródaithe sa ghné seo na scoláirí Éireannacha, go háirithe Dubhghlás de hÍde agus Séamus Ó Duilearga.[14] A bhuíochas do chnuasaigh leosan, ba chóir go bhféadfaí tréithe, roghanna agus claonta na scéalaithe a aithint. Mar sin féin, is dóichí gur féidir tuiscint níos fearr a fháil ar conas a oibríonn aigne scéalaithe tré staidéar comparáideach a dhéanamh ar leaganacha éagsúla den scéal céanna uathu, agus é á insint níos mó ná aon uair amháin. Cé go bhfuil bonn láidir teoiriciúil faoin modh seo, ba annamh a tástáladh é, toisc nach raibh fáil ar ábhar cuí chuige. Mar sin féin, tá eisceachtaí suaithinseacha ann. Tré ghlanseans, seachas a mhalairt, deineadh taifeadadh faoi dhó, faoi thrí agus níos minicí fiú, ar mhórchuid de scéalta Pheig Sayers, banríon na scéalaithe Gaelacha, agus a bhuíochas don mbailiú a dheineamar féin agus daoine eile, tá Bab ar an ndornán scéalaithe a bhfuil fáil ar mhórán leaganacha de chuid mhaith scéalta uathu. Toradh amháin a chítear láithreach nuair a dheintear comparáid idir leaganacha éagsúla den scéal céanna ó Bhab ná gur beag

athrú a léirítear ó insint go hinsint chomh fada is a bhaineann le haicsean agus ord na n-eachtraí de. Bíonn athrú suntasach, áfach, san fhoclaíocht, sa mhiontuairisc, agus san fheidhm a bhaintear as an gcomhrá. Tá cúpla scéal le Bab agus insintí éagsúla orthu in *Ó Bhéal an Bhab* agus a thuilleadh sa chnuasach seo.[15] Ina theannta sin, is féidir scagadh a dhéanamh ar athruithe ó insint go hinsint sna scéalta, m.s. iad sin a eascraíonn ó ócáidí poiblí mar éigsí agus comhluadair mhóra eile, nó a bhaineann le cur i láthair raidió agus teilifíse. Is léir go raibh luí agus spéis ar leith ag Bab i scéalta áirithe, agus lena chois sin, roghnaigh sí scéalta ar leith a rúnódh dá héisteoirí éagsúla, leanaí scoile, mic léinn ollscoile, lucht éisteachta raidió, srl. Ach nílimid ach i dtús staidéir dá leithéid seo.[16]

Na scéalta ó ghlúin go glúin
Ba í an scoláire Ungáireach Linda Dégh a thug aird, ina saothar ceannródaíoch *Folktales and Society*, ar an tábhacht a bhaineann le staidéar comparáideach a dhéanamh ar insintí éagsúla ar scéalta ó scéalaí ar leith.[17] Mhol sí modh eile staidéir, chomh maith, go ndéanfaí comparáid idir insintí ó scéalaithe agus insintí na scéalaithe ónar fhoghlaim siad na scéalta céanna. Cé gur tábhachtach an modh staidéir seo, tá de mhíbhuntáiste aige go bhfuil an t-ábhar a theastódh chuige sin thar a bheith gann, toisc nár tosnaíodh ar an mbéaloideas a bhailiú go dtí déanach go maith in Éirinn, a d'fhág nach bhféadfaí na 'seanmháistrí' a thaifeadadh. Arís, is cás eisceachtúil í Bab, toisc gur deineadh taifeadadh ar roinnt dá scéalta ó scéalaithe ónar fhoghlaim sí iad. Is díol spéise é, chomh maith, go raibh gaol gairid ag Bab le roinnt des na scéalaithe seo, rud a léiríonn go raibh bunús teann clainne le roinnt mhaith dá cuid traidisiún. Sampla dá leithéid is ea 'Micí na Muc', scéal a raibh an-chion ag Bab air agus atá i gcló in *Ó Bhéal an Bhab*. Tá leaganacha againn den scéal úd óna seanamháthair agus óna seanaintín araon (faoi dhó fiú, i gcás na seanamháthar) agus óna huncail Tadhg.[18] Sampla spéisiúil eile dá leithéid seo is ea an scéal 'Triúr Iníon na Baintrí' (uimh. 31) sa chnuasach seo a bailíodh faoi dhó ó sheanaintín Bhab (ag

an mbailitheoir lánaimseartha Seosamh Ó Dálaigh i 1936 agus ag an scoláire Eilbhéiseach Heinrich Wagner i 1946).[19] Tugtar leagan Sheosaimh den scéal in Aguisín A.

Scéalta foghlamtha ó fhoilseacháin bhéaloidis

Cé gur scéalta traidisiúnta iad na scéalta a insíonn Bab, ní chiallaíonn seo go n-eascraíonn siad ar fad ó thraidisiún a muintire nó, fiú amháin, ó thraidisiún an cheantair. Murab ionann agus scéalaithe ó ghlúinte roimpi, bhí léamh agus scríobh na Gaeilge ag Bab, agus is léir gur fhoghlaim sí riar maith dá cuid scéalta ó leabhair agus ó irisí. Cé go mba scéalta traidisiúnta go bunúsach iad seo ar fad, shíolraigh cuid díobh ó cheantracha eile in Éirinn seachas Corca Dhuibhne. Baineann tábhacht ar leith le haimsiú na bhfoinsí clóbhuailte seo chun pictiúr níos soiléire a fháil de mhodh scéalaíochta Bhab. I measc na bhfoilseachán áitiúla is mó a thaosc Bab astu tá *An Seanchaidhe Muimhneach* leis an Seabhac.[20] Ach an foinse clóbhuailte is tábhachtaí ar fad a bhí aici ná an cnuasach úd *Scéalta Cráibhtheacha* in eagar ag Seán Ó Súilleabháin.[21] Bhí roinnt ábhair ó bhaile dúchais Bhab ann, scéalta a bhí cloiste aici cheana, ina measc dhá scéal a d'eachtraigh a huncail Tadhg,[22] ach ó chríocha eile ab ea formhór na scéalta san fhoilseachán sin. Is iontach go deo an tsuim a chuir Bab sna scéalta cráifeacha úd ar fad, agus mheabhraigh sí mórán díobh. Léiriú é sin ar neart eisceachtúil a cuimhne. Mar sin féin, ní focal ar fhocal a mheabhraigh ná a d'inis sí iad, ach chuir sí a cló féin go cliste orthu. Saibhríonn sí iad le seanfhocail agus coraí cainte dá cuid féin, maisíonn sí iad le comhrá bríomhar anamúil sa bhreis, agus cuireann sí iad in oiriúint go cruthaitheach don suíomh áitiúil i gCorca Dhuibhne.

An béaloideas agus an litríocht

Ach ní hiad na scéalta ó fhoilseacháin bhéaloidis a léigh Bab an t-aon chúnamh don staidéar comparáideach ar a scéalta. Is tairbheach, chomh maith, a cuid scéalta a chur i gcomparáid le saothair chruthaitheacha ó scríbhneoirí. Bhunaigh duine d'fhilí móra ár linne, Nuala Ní Dhomhnaill, dánta ar scéalta a chuala sí ó Bhab, agus is uaithi a fuair sí teidil ar dhá chnuasach filíochta dá cuid, *Dealg Droighin* agus *Féar Suaithinseach.*[23] Ní mar a chéile na scéalta traidisiúnta agus na scéalta liteartha ó údair aithnidiúla, sa tslí go gcuirtear struchtúr éagsúil orthu chun go raghaidh siad i bhfeidhm ar a lucht éisteachta nó ar lucht a léite. Is fiú, mar sin, comparáid a dhéanamh idir modh oibre na scéalaithe agus na scríbhneoirí cruthaitheacha sa mhéid is gur féidir leo araon léas solais a chaitheamh ar mhodheolaíocht a chéile. Nuair a chuireann na scríbhneoirí scéalta béil ina gcuid saothair is minic a bhriseann siad dlíthe na heipice ar mhaithe lena gcuspóirí féin.[24] Sa tslí seo seasann aidhmeanna agus modh oibre na n-údar liteartha amach, agus san am céanna gheibhimid tuiscint níos fearr ar nádúr agus ar bhuntréithe na scéalaíochta ó bhéal. D'fhéadfaí go leor samplaí bunaithe ar scéalta Bhab a thabhairt chun a leithéid a léiriú, ach déanfaidh cúpla sampla an bheart.

Bab agus Chaucer
Ceann de *The Canterbury Tales* le Geoffrey Chaucer is ea 'The Friar's Tale'.[25] Tráchtann sé ar sheirbheálaí (*summoner*), fear gurb í a ghairm daoine a sheirbheáil chun na cúirte eaglasta. Tá sé beartaithe aige airgead a bhaint de bhaintreach bhocht go bhfuil adhaltranas curtha ina leith go héagórach aige. Castar diabhal air ar a shlí agus deineann siad margadh go gceadófaí don diabhal aon duine nó aon ní a thabhairt leis a thairgeofaí ó chroí dó. Ní tharlaíonn a leithéid, áfach, go dtí go gcuireann an bhaintreach mallacht ar an seirbheálaí, agus sciobtar láithreach go hifreann é.

Is sa cheathrú haois déag a scríobh *Chaucer* an scéal seo, agus ní foláir go raibh se le clos ar fud na hEorpa i bhfad roimhe sin. Ach nach iontach go raibh an scéal le clos ó bhéal na ndaoine in Éirinn go dtí le fíordhéanaí! Tharlódh gurbh é leagan Bhab de 'An Báille Mór agus an Diabhal' an insint dheireanach sa slabhra fada scéalaíochta seo.

Tá roinnt cúiseanna go dtabharfaí suntas ar leith do 'An Báille Mór agus an Diabhal' le Bab, sa leagan den scéal atá i gcorp an fhoilseacháin seo (uimh. 34), agus sa leagan eile léi atá in Aguisín B, a d'inis sí do Ruth Uí Ógáin.[26] Cé go bhfuil éagsúlacht shuntasach san fhoclaíocht eatarthu, ní mór atá eatarthu ó thaobh ábhair agus stíle de. Insint ghonta atá sa dá cheann (tá 430 focal inár leagan, agus 475 i leagan Uí Ógáin) agus iad araon go hiomlán de réir dlithe na heipice agus a gclaonta, maidir le síorghluaiseacht na n-eachtraí san insint sna trí eachtra, agus buaic an scéil le hiontas sa tríú ceann acu. Tá comhrá craicneach go raidhsiúil iontu araon.

Scéal den scoth atá in insint Chaucer, chomh maith, ach ar shlite difriúla ar fad. Insint véarsaíochta atá ann, rud a mhíníonn cuid de na difríochtaí, agus é an-fhada (timpeall 4,000 focal). Claonadh coitianta is ea é ag scribhneoir cruthaitheach síneadh dá leithéid a chur le scéalta traidisiúnta agus iad á n-athchóiriú. Tharla athruithe eile toisc gur theastaigh ó Chaucer an scéal a shuíomh laistigh dá fhrámascéal, an oilithreacht go Canterbury agus a rannpháirtithe. I measc na n-oilithreach bhí seirbheálaí agus bráthair, agus toisc go mbíonn siad beirt ag síorachrann lena chéile, cuireann Chaucer seirbheálaí seachas báille traidisiúnta i ról an bhithúnaigh sa scéal, atá curtha i mbéal an bhráthar. Ina theannta sin, chun scig bhreise a dhéanamh ar an bhfuath agus ar an éad a bhíonn idir na hoird agus gráid éagsúla na hEaglaise – agus le bonn breise a chur faoin aoir fhrithchléireach atá go láidir in *The Canterbury Tales* – cuireann Chaucer tús leis an scéal le cuntas fada ar ard-dhéagánach, a bhfuil an seirbheálaí fostaithe aige, agus a chuid duáilcí agus drochghníomhartha go léir. Ina theannta seo, labhrann Chaucer ina scéal faoi dhiabhal i measc paca diabhal agus deamhan, seachas an diabhal aonair traidisiúnta. Sa tslí sin, cruthaíonn sé struchtúr ceannasaíochta faoi mar a dhein sé i gcás an ard-dhéagánaigh agus an tseirbheálaí. Tugann an claochlú seo an chaoi dó, chomh maith, a bheith ag trácht ar dheamhnóireacht, agus ar nádúr agus ar chumhachtaí na n-ainspriodeanna. Fágann sin saothar Chaucer ag gluaiseacht go malltriallach éagothrom i gcodarsnacht ghlan le leaganacha béil den scéal. Ní ghéaraíonn ar a luas go dtí go mbíonn an ghníomhaíocht ag teannadh le ceann scríbe, agus is ar luas lasrach a tharlaíonn sin (claonadh atá le sonrú ar mhórán de na scéalta in *The Canterbury Tales*).

Comhartha eile gur leagan liteartha de scéalta ó bhéal atá i gceist ná go ngéilleann údair don gcathú a thuilleadh grinn a thaoscadh anuas ar an ngreann a bhí ann cheana féin. Tá sampla de sin in 'The Friar's Tale' go mallachtaíonn an bhaintreach an friochtán a bhí ar intinn ag an seirbheálaí a thógaint uaithi, chomh maith leis an seirbheálaí féin sa tslí is go gcuireann sí ag eitilt in éineacht iad tríd an aer go hifreann. D'fhéadfaí a rá go saibhríonn mionsonra mar é an scéal. Ach, ar an dtaobh eile, is amhlaidh go gcuireann sé an chothromaíocht úd gur sainchomhartha na béalinsinte í as a riocht. Dob fhurasta a thuilleadh samplaí a thabhairt lena léiriú conas mar a láimhsíonn údair mar Chaucer an t-ábhar i gcomparáid le scéalaithe traidisiúnta mar Bhab,[27] ach toisc gur mian linn ár léitheoirí a spreagadh chun 'The Friar's Tale' a léamh dóibh féin, is leor sin.

Is léir, pé scéal é, go luíonn insint Chaucer le dearcadh *courtier* ó Shasana na Meánaoise, díreach mar a thagann insint Bhab le tuiscint na mban Éireannach ós na glúinte atá imithe romhainn. Ní rófhada ó shin a d'fhéadfadh tiarnaí talún gan taise nó a n-aibhéardaithe neamhthrócaireacha tionóntaithe bochta a chaitheamh amach as seilbh gan cur ná cúiteamh mura n-íocfaí an cíos go tráthúil. Cé go bhfuil sé luaite ag Chaucer gur baintreach í an bhean ar deineadh éagóir uirthi, ní foláir ceann a thógaint de go bhfuil bá agus tuiscint ar leith ag Bab don bhean de bharr í féin a bheith ina baintreach. Ní raibh aon chosaint ag bean dá leithéid ach amháin neart na teangan. Agus ar ámharaí an tsaoil, 'níl aon rud is géire ná mallacht baintrí agus is seanfhocal é', faoi mar a dúirt Bab. Is ar éigean a rithfeadh sé le haigne fir, lenár linn féin fiú amháin, sonraí dá leithéid a chur isteach sa scéal, gur toisc ná raibh a aghaidh nite i gceart ag an ngarsúinín a chuirfeadh a mháthair mallacht air. Toisc gur féidir a chruthú ar bhonn béaloidis nárbh é Chaucer a chum an scéal, tugann sin cruthúnas dúinn gurbh ann dó sarar chum sé *The Canterbury Tales*.

Bab, leabhairíní mangaire agus ábhar irisí

Is cinnte go bhfuil mórán de na scéalta atá faoin gceannteideal 'Scéalta Grinn' chomh hársa le 'An Báille Mór agus an Diabhal', nó níos sine fós. Is rídheacair a dhéanamh amach, áfach, cén coibhneas nó ceangal a bhí idir an traidisiún scríofa (lámhscríbhinní agus ábhar clóbhuailte) ar thaobh amháin agus an traidisiún béil ar an dtaobh eile, i scaipeadh na scéalta seo. Scéalta ó bhéal iad formhór acu ó thús, ach breacadh síos iad go minic sna Meánaoiseanna (agus roinnt acu fiú sa Chianaois Chlasaiceach). Tugadh saol úr dóibh ansin tré mheán na léitheoireachta nó ina measc siúd a mheabhraigh iad lena gclos á léamh os ard. D'fhéadfadh an próiséas úd tarlúint arís agus arís eile, de réir mar a bheadh fáil níos fusa ar ábhar lámhscríofa agus clóbhuailte araon, agus an litearthacht ag forbairt. Tháinig cnuasaigh ghrinn chlóbhuailte i mBéarla ar an bhfód i dtús na cúigiú aoise déag.

De réir mar a chuaigh foilseacháin mar sin i líonmhaire, ba mhinic a chuirtí scéalta ó sheanchnuasaigh isteach le scéalta nua. In aoiseanna a lean, cuireadh scéalta ó chnuasaigh dá leithéid i gcló in irisí agus i bpáipéirí nuachta arís agus arís eile. San am céanna bhí an sruth béil ag rith go neamhspleách. Agus an scéal amhlaidh, bheadh sé geall le dodhéanta stair agus bunús na scéalta grinn i stór Bhab a rianadh, agus ní thabharfar faoi anseo. Mar sin féin, is fiú leaganacha de scéalta grinn Bhab a chur i gcomparáid le leaganacha a cuireadh i gcló i leabhairíní grinn agus in irisí. Ar an gcéad dul síos, is féidir a léiriú go bhfuil blas an pháir – más é sin a mbunús – imithe in éag ó scéalta Bhab. Léiríonn scéalta grinn i mbéal na ndaoine faoi mar a bhíonn siad ag Bab agus leaganacha i leabhairíní mangaire agus in irisí, nach mbacann scéalaithe traidisiúnta leis an dteagasc morálta neamhbhalbh a bhíonn chomh mór i réim sna foinsí clóbhuailte. Tógaimis mar shampla leagan den scéal *'Thief, Beggar, Murderer'* mar atá sé in *A Hundred Merry Tales* (nó *The Shakespeare Jest Book* mar a thugtar air uaireanta). Is é deireadh an scéil sin:

By this you may learn that those who come to people seeking something for themselves must first endevor to deal with such matters that concern the people whom they approach.[28]

Ina ionad sin, ligeann Bab don scéal labhairt thar a cheann féin, agus fágann sí faoina héisteoirí a mbrí féin a bhaint as, ar nós scéalaithe maithe eile.

Bab agus James Joyce

Is ábhar móriontais é go bhfuil aon bhaint ag scéalta Bhab le staidéar ar Joyce, ach tá! Insíonn an staraí ealaíne Francach Louis Gillet dúinn ina leabhar *Stèle pour James Joyce* mar a tharla dó go luath tar éis dó *Fiche Blian ag Fás* le Muiris Ó Súilleabháin a léamh san aistriúchán Béarla.[29] Chuir Gillet in iúl do Joyce an taitneamh a bhain sé as an leabhar. Mar fhreagra air d'inis Joyce scéal dó (i bhFraincís de réir dealraimh), a chuala sé ó chara leis, eitneagrafaí agus nádúraí a chaith tréimhse ar an mBlascaod. Bhain scéal Joyce le hoileánach a cheannaigh scáthán póca ar thuras dó chun na mórthíre, agus a cheap gur pictiúr dá athair a chonaic sé ann. Nuair a d'fhéach a bhean chéile isteach sa scáthán, áfach, cad a chífeadh sí ann ach bean, agus mheas sí gur pictiúr de leannán luí a fir a bhí ann. Chaith sí uaithi an scáthán le teann feirge agus dhein smidiríní de.[30]

Is féidir glacadh leis go raibh níos mó in aigne Joyce leis an scéal a insint ná an smaoineamh go ndéanann gach duine a léamh féin ar leabhar. Gan dabht níor chuaigh moladh Gillet ar *Fiche Blian ag Fás* i bhfeidhm air, agus ba é a thuairim go raibh breall ar Gillet, díreach mar a bhí ar na carachtair i scéal an scátháin. Is é an léamh a bheadh ag Joyce ar shaothar Mhuiris Uí Shúilleabháin gurbh íomhá mhaoithneach rómánsach dá thír í nach dtaitneodh leis. Ina mhórshaothar *The Irish Storyteller*, ina bhfuil suirbhé mionchúiseach ar an úsáid a bhaineann scríbhneoirí Éireannacha as ábhar béaloidis, díríonn Georges Dennis Zimmermann aird ar an *'peculiar picture of Joyce as a "traditional storyteller"'*, faoi mar a thugann sé ar chuntas Gillet.[31] Luann sé go beacht gur tíopa scéil idirnáisiúnta é (ATU 1336A, *Not Recognizing Own Reflection*).[32]

Tá fáil ar an scéal i móran tíortha (go deimhin sna mór-ranna go léir seachas san Astráil) agus tá dhá scór leagan de ó chúigí uile na hÉireann áirithe ag Seán Ó Súilleabháin agus Reidar Th. Christiansen in *The Types of the Irish Folktale*.[33] Ar an mbonn sin, agus ag cur san áireamh nach raibh aon bhaint ag aon leagan Gaeilge a bhí ar eolas ag Zimmerman leis an mBlascaod, ba é a thuairim nár faoi mhuintir an Bhlascaoid in aon chor a chuala Joyce an scéal. Tugann Zimmerman *'a common authentifying device'* ar an 'cara' a luann Joyce mar fhoinse.[34]

Níl aon dabht go raibh sé ar chumas Joyce scéal traidisiúnta a chur in oiriúint dá chuspóirí féin le ráig ionsparáide. Mar sin féin, is féidir cás a dhéanamh nach raibh an scéal amhlaidh. Is fuirist scéal dá shórt a shamhlú le muintir an Bhlascaoid, toisc nach raibh mórán taithí acu ar shó agus ar shólaistí nua-aimseartha an domhain mhóir. Is mó cuairteoir go dtí an tOileán a thug aird ar sin, Robin Flower ina measc.[35] Léiriú eile ar a leithéid is ea eachtra John Millington Synge ina chuntas taistil *In West Kerry* mar a cheap na hOileánaigh gur *'naked people standing around in their skins'* a bhí le feiscint sna grianghraif de dhealbha i ngáirdíní sa Fhrainc a bhí á dtaispeáint aige dóibh![36] Ní haon iontas mar sin, go dtuillfidis cáil na saontachta. Níos tábhachtaí ná sin, áfach, tá a fhios againn anois, a bhuíochas do thaifeadtaí Bhab, go raibh an scéal á insint ar an mórthír i nDún Chaoin i raon radhairc na mBlascaodaí. Cé nár taifeadadh an scéal seo ó Bhab go dtí 2002, tá sé fréamhaithe go daingean i seanashaol na háite. Tagraíonn a hinsint don aistear trádála ime go Corcaigh fadó, rud atá luaite go minic i scéalta agus i seanchas an cheantair. Ní hionann le lánchruthúnas na comharthaí seo, ach nuair a chuirtear gach aon rud san áireamh, nach bhfuil an chuma ar an scéal go raibh an Blascaod luaite sa scéal a chuala Joyce?

Pé dearcadh a bheadh ag duine ar an gceist, tá tréithe aestéitiúla in insint Bhab den scéal nach bhfuil le brath in insint Joyce. Caithfear a chur san áireamh go mb'fhéidir nach dtugann Gillet a cheart do insint Joyce. B'fhéidir nach dtugann Gillet ach creatlach an scéil. Mar sin féin, tá an chuma air nach mbeadh an lá le Joyce i gcomórtas scéalaíochta le Bab. Tá sé le tabhairt faoi ndeara nach raibh ach beirt charachtar in insint Joyce, seachas triúr faoi mar atá i mórchuid de na leaganacha béil. B'fhéidir gur fhág Joyce an tríú duine ar lár d'aonghnó (is léir nach raibh gá leis chun a chás a chruthú) nó b'fhéidir nach raibh an tríú duine sa leagan ar theagmhaigh sé leis i dtús báire?

Tugann Zimmermann dhá leagan Éireannacha den scéal i mBéarla, ceann ón iris *Ireland's Own*, agus ceann eile a bailíodh ón dtraidisiún béil i Loch Garman i 1938.[37] Is dea-insintí iad araon, cé nach bhfuil trí charachtar ach sa chéad scéal acu. Is é an réiteach cliste a thugtar sa leagan sin ná gur comharsa ceannathóir an scátháin a dhearbhaíonn go daingean gur pictiúr de féin atá ann – agus coimeádann sé an scáthán dó féin ar an mbonn sin! Fós féin, nach fearr go mór an réiteach fíor-Éireannach atá in insint Bhab; go n-iarann an lánúin ar an sagart paróiste idirghabháil a dhéanamh dóibh, agus go ndearbhaíonn sé siúd go húdarásach gurbh é a réamhtheachtaí a bhí ann. Is dócha nach í Bab a chum an méid sin, ach tá sé ar cheann de na mionsonraí a thugann údarás agus greann dá leagan.

Má bhí leagan Bhab chun cinn ar leagan Joyce ó thaobh ábhair de, tharlódh go dtabharfadh daoine áirithe an chraobh do Joyce ó thaobh cur i láthair de. Tugann Gillet tuairisc ghlé dúinn ar an aithriseoireacht a bhí á dhéanamh ag Joyce le hiomlán a choirp, ag ligint air go bhfaca sé an scáthán roimis amach, agus mar sin de. Is cóngaraí go mór léiriú mar é do *'Dublin pub histrionic or music-hall acts rather than the usually static rural storytelling mode'*, mar a shonraíonn Zimmerman go cruinn ceart.[38] Ach, má bhí Bab gan móran corraí coirp aisti, ba iad an t-anam ina súile agus tuin a gutha san insint a bhog an scéal ar aghaidh go beoga.

Pé scéal é, tá an chuma air gur léiriú cleachtaithe seachas léiriú as féin a d'airigh Gillet. Dealraíonn sé gur bhain Joyce feidhm as an scéal cheana ar chúiseanna dá shórt chun scig a dhéanamh ar scríbhneoirí mar Synge lena ndearcadh athbheochanúil antraipeolaíoch, seanársaíoch, dar leis. Go deimhin, faoi mar a léiríonn Zimmerman, ba mhinic a bhaineadh Joyce feidhm as siombal an scátháin chuige sin,[39] ar shlí a thugann leid go raibh cur amach aige ar scéal an scátháin cheana. Ba i 1903 a thug *'that scoundrel Synge'*, mar a ghlaoigh Joyce air, turas ar an mBlascaod. Dá bhrí sin, is ar éigean gurbh é Synge an t-eitneagrafaí a 'd'inis an scéal dó'. Tharlódh, mar sin féin, gur ar Synge seachas ar Mhuiris Ó Súilleabháin ba mhian leis a aoir a dhíriú.

Dearcadh domhanda agus taithí saoil an scéalaí
Tá léiriú á thabhairt san fhoilseachán seo ar na feidhmeanna a d'fhéadfaí a bhaint as seanchas Bhab i staidéar na teanga agus na litríochta. Teastaíonn uainn, chomh maith, iarracht a dhéanamh rogha scéalta agus míreanna traidisiúnta a sholáthar a d'fhéadfadh léargas a thabhairt dúinn ar na háiteanna, na hócáidí agus na cruacheisteanna a mhúnlaigh dearcadh Bhab ar an saol agus a chruthaigh an scéalaí eisceachtúil inti. Roghnaíomar samplaí de shaghsanna éagsúla scéalta agus seanchais a bhí gann nó nach raibh in aon chor inár gcéad chnuasach chun na spriocanna sin a bhaint amach.

Na chéad chuimhní ag Bab, an tigh inar tógadh í, agus traidisiún a muintire
Cuirimid tús lenár gcnuasach leis an bpaidir chianaosta a deirtí le linn don tine a bheith á coigilt, agus leanaimid leis an rann aorach faoi na bailte fearainn i nDún Chaoin. Tá cur síos ina dhiaidh sin ar an seanathigh feirme ceann tuí inar chaith Bab a hóige go dtí 1940, sarar bhog an chlann isteach i dtigh slinne compordach nua-aimseartha dhá urlár. Tógaimis an chuimhne is sia siar i gceann Bhab – ag bualadh leis an gcailín beag a d'fhill ó Mheirice, an t-iontas a bhain lena cuid éadaigh, agus na sceitimíní a bhí uirthi nuair a bhí grianghraf á thógaint. Ansan éistimis le tuairimí Bhab agus í óg ag cúléisteacht le comhrá na seanabhan a bhí cruinnithe cois tobair ar an mbaile. Léirítear tionchar na dturasóirí ar Bhab agus í ina déagóir, sa chur síos ar an dturas éachtach a thug sí ar an mBlascaod. Buailimid le cuid

de mhuintir an Oileáin, agus faighimid tuairim san eachtra sin dá siamsa, dá mórfhéile agus dá gcaidreamh le míntirigh agus le turasóirí.

Gaolta agus comharsain

Bhí an scéalaíocht sa dúchas ag Bab ar an dá thaobh. Ba bheag caitheamh aimsire nua a bhí ann le linn óige Bhab, agus dá réir sin bhí na daoine ag brath orthu féin chun siamsaíochta. Ní haon ionadh, mar sin, go mbailíodh an oiread sin daoine cois teallaigh na nGuithíneach ag éisteacht le scéalta a bhíodh á n-insint de shíor ann, agus a d'insítí le hardéirim agus le líofacht. Ach ní ar son na scéalta amháin a théadh daoine ag bothántaíocht go muintir Ghuithín. Aithníodh go forleathan go raibh sé ar cheann de na háiteanna ina bhféadfaí éisteacht leis an gcomhrá ba dheisbhéalaí agus ba shiamsúla sa pharóiste agus, go deimhin, níos sia ó bhaile. Ní beag mar mhaíomh a leithéid i ndúthaigh a bhí ar maos le cainteoirí a raibh a n-ainm in airde as a gcumas neamhghnách chun iad féin a chur in iúl go healaíonta, le líofacht agus le hanamúlacht, cuma cén t-ábhar a bheadh sa treis acu. Ba dhual do Bhab an bua úd a bheith ó dhúchas aici, mar bhí ar a cumas cur síos a dhéanamh ar an eachtra ba neafaisí le barr gléine agus grinn, sa tslí is go gcuirtí lúcháir ar an gcomhluadar ar fad. Bhí an bua ardoilte cainte úd aici chomh maith le sárscil chun aithris a dhéanamh ar ghuthanna is ar gheáitsí dhaoine go mínósach ach gan a bheith riamh mailíseach. Ardeiseamláir í de chultúr sároilte béil ar bheag é a mhacasamhail lasmuigh den saol Gaelach in Éirinn. Ábhar díospóireachta é i dtaobh a leithéidí siúd de dhaoine, an amhlaidh gur ardscéalaithe iad toisc gur dea-chainteoirí iad, nó gur ardchainteoirí iad toisc gur dea-scéalaithe iad, ach is cinnte go raibh mórán de mhuintir Chorca Dhuibhne nár scéalaithe iad, ach fós a raibh líofacht ar leith acu, iad dea-chainteach, luathbhéalach. Bhí na comharsain a thugadh cuairt istoíche ar thigh Bhab is Shéamuis, mar a bheadh ceoltóirí oilte i gceolfhoireann, ach ba í Bab a sheinn an chéadfhidil.

Ó ráiteachais lucht bothántaíochta agus óna ngníomhartha

27

a fuair Bab bunábhar scéilíní gan teorainn. Bhí leasainmneacha ar a bhformhór acu, de réir ghnás na linne. Ina measc bhí Seán Ó Conchúir, 'John Connor' nó 'Charlie', mar ab fhearr aithne air, áilteoir áitiúil ó Cheathrú an Fheirtéaraigh. Bhí cónaí air in áit ar baisteadh *'Checkpoint Charlie'* le greann uirthi, toisc go raibh sé ina gheatóir do Bhaile an Scannáin le linn don bpictiúr *Ryan's Daughter* a bheith á dhéanamh. Nuair a bhíodh an t-airgead aige thugadh sé turas ar Thigh Kruger, an tigh tábhairne áitiúil. Bhuaileadh sé isteach go tigh na bhFeiritéarach ar a shlí ann, agus ba mhinic é chucu ar a shlí abhaile chomh maith. Cé nach raibh ann ach firín beag, bhí sé tuairimiúil de féin, agus mórtasach as a mháistreacht féin ar a theanga dhúchais. Ba mhinic é i muinín dianallagair sa tigh tábhairne faoin gceist cé acu ab fhearr Gaelainn an Bhlascaoid Mhóir nó Gaelainn a bhaile féin. Ní hiontas gur aige a bheadh an focal deireanach, mar ba aige a bhí an bonnán gutha, gur mhór an cúnamh dó é, dar leis, agus duine á chur féin in iúl i nGaelainn. 'Má labhrann tú Gaelainn,' a deireadh sé, 'ba cheart duit labhairt ard, soiléir, fé mar a bheadh fearg ort!' Cé go mb'fhéidir go mbainfeadh a mheon móraigeanta agus a chaint údarásach geit astu siúd ná beadh aithne acu air, b'fhear cneasta mórchroíoch i ndáiríre é a ghealaigh an lá dá chomharsain.

Fear eile a chothaigh cuideachta go leanúnach do mhuintir Dhún Chaoin, agus ar thaitin le Bab cur síos a dhéanamh ar eachtraí agus ar bhearta a bhain leis, ab ea 'Kruger', óstóir agus tábhairneoir cáiliúil. Muiris Caomhánach a ainm ceart, ach baisteadh an leasainm ar scoil air le linn do na leanaí a bheith ag aithris ar Chogadh na mBórach, agus páirt cheannasaí na mBórach á ghlacadh aige féin. (Dála an scéil, ba é Muiris Ó Scanláin, 'An *Colonel*', mar a tugadh air, a bhí mar chéile comhraic aige sa chluiche úd, agus ba mhinic é siúd i dtigh na bhFeiritéarach.) 'Ní fhéadfá riamh ainm Kruger a lua gan gáire a dhéanamh,' a dúirt Breandán, mac Bhab, uair. Go deimhin, b'ábhar gáire mórán a bhain leis, mar shampla, a mhéiseáil le hinnill, gluaisteáin agus fearais nua-aimseartha theicniúla, agus a bhóisceáil faoina ghníomhartha gaisce i Meirice. Deireadh sé go raibh sé ina gharda cosanta ag Al Capone, agus go raibh ainnireacha aghaidhsciamhacha agus ban-aisteoirí gan áireamh, mór leis. Mar dhearbhú air sin, bhí pictiúirí inscríofa de chuid acu siúd – *To Kruger from Mae West*, agus mar sin dó – ag maisiú a thí aíochta i nDún Chaoin. Tá sé ráite gur spreag na pictiúirí úd áilteoir éigin chun *To Kruger from God* a scríobadh faoin bpictiúr den gCroí Ró-Naofa. Bhíodh daoine ag magadh chomh maith faoin ngrianghraf ina raibh Kruger agus de Valera ina seasamh agus pictiúr de Phádraig Mac Piarais eatarthu, ag tabhairt 'Críost idir Bheirt Bhithiúnach' air! Ní raibh Kruger gan lucht a cháinte, a mheas go raibh sé bladhmannach, ach má bhí féin, ba ghreannmhar a bhí sé seachas é bheith gráiniúil, agus bhain mórán de na scéalta leis an seiftiúlacht agus leis an bhfiontraíocht a bhí sa dúchas aige. Ba mhór a cháil i measc mhuintir Dhún Chaoin, agus dá bharr sin is cuí é siúd agus *Charlie* a bheith roghnaithe mar eiseamláirí de na comharsain ar bhreá le Bab trácht orthu.

Na comharsain ón saol eile

Bhí comharsain ag muintir Dhún Chaoin seachas iad a bhí i gcaidreamh go rialta agus go follasach leo, is é sin, iadsan a bhí folaithe de ghnáth ar shúile na ndaoine, na neacha neamhshaolta ar tír is ar toinn, na daoine maithe, sióga, murúcha agus a ngaolta, chomh maith leis an ndiabhal féin agus ainsprideanna eile. Cé gur chreid Bab go bhféadfadh eachtraí mistéireacha agus tuarúla tarlúint, níor ghéill sí puinn do neacha ná cumhachtaí osnádúrtha. Thuig sí go maith, áfach, a thábhachtaí agus a bhí an creideamh úd i saol na ndaoine. Bainimid an ceann den roinn ar an osnádúr le scéilín faoi bheirt fhear dhaonna ar a tugadh '*Fairy*' agus 'Púca', (a léiríonn a chaoile is atá an teorainn idir nádúr agus osnádúr). Scéal grinn é sin faoin mbaol a shamhlaítí le bualadh leis an mbeirt úd. Ach tá scéalta eile sa roinn seo faoin mórbhaol a ghabhann le fuadach daoine daonna ag an lucht sí. Léiriú na scéalta úd ar an spéis ar leith a chuir Bab i gcúrsaí clainne agus pósta.

Gaelainn agus Béarla

Ba mhó duine le dhá ghlúin nó trí siar i muintir Bhab nach raibh aon Bhéarla acu, faoi mar a bhí in áiteanna eile i gCorca Dhuibhne agus ar na Blascaodaí. Agus é ag tagairt do Mháire Ruiséal, seanaintín Bhab ónar fhoghlaim sí cuid dá scéalta, deir Heinrich Wagner 'she did not understand any English at all... '.[40] Luaigh Bab chomh maith nach raibh aon Bhéarla gurbh fhiú trácht air ag a hathair críonna, ná ag a beirt uncailí. Is léir go mbeadh deacrachtaí ag a leithéidí plé leis an saol lasmuigh, i mbailte aonaigh agus siopaí. Bheadh an scéal níos measa fós acu dá raghaidís ar imirce go Meirice nó go tíortha eile thar lear. Bheadh orthu, mar sin, Béarla a fhoghlaim, agus bhain stádas nach beag leis an dteanga sin a bheith acu i súile chainteoirí Gaelainne na seanaghlún. Duine díobh siúd a bhí bródúil as a chuid Béarla dob ea athair Bhab. Ba é an t-aon duine sa tigh a raibh ar a chumas cúnamh a thabhairt do Bhab lena hobair bhaile. Mar a dúirt Bab, 'ba chuma leis go nglaofaí John nó Johnny air, seachas Seán'. B'ait leis go dteastódh óna iníon go mbeadh an t-ainm Seán Ó Guithín ar fhearsaid na cairte seachas *John Guiheen* mar ba mhaith leis féin. 'Cheap sé,' a dúirt Bab, 'gurbh éirí in airde a bhí fúmsa toisc gur theastaigh uaim an ainm a chur as Gaelainn, agus ní hea, mar níor smaoiníos-sa ar aon Bhéarla'.[41] Tharlódh nach é mórtas as a chumas teanga amháin ba bhun le rogha Sheáin a ainm a bheith i mBéarla. Sa chéad áit, tá gach cosúlacht ann go raibh aithne air faoina ainm Béarla, agus sa dara háit, is dóichí nach mbeadh ar a chumas a theanga dhúchais a scríobh, fiú chomh fada le 'Seán Ó Guithín' a litriú. Ar aon nós, cruthaíonn an eachtra a nádúrtha is a bhí sé ag Bab go mbeadh gach aon ní i nGaelainn. Bhí sí mórtasach as a teanga dhúchais, agus ba cheart, dar léi, go bhfaigheadh sí tús áite i gcaitheamh a saoil. Labhair sí agus léigh sí Béarla le líofacht, ach ba mhinic a thagraíodh sí dá doicheall roimh Bhéarla a labhairt, ach amháin má bhí géarghá leis. Ba mhinic a chloistí í ag rá go gcuireadh sé tuirse uirthi Béarla a labhairt, agus deireadh sí mar mhagadh gur ghá di suí síos ag labhairt an Bhéarla di. Agus í ag plé le lucht siopaí an Daingin agus in áiteanna eile ní chasadh sí ar an mBéarla go dtí go mbíodh sí cinnte nach raibh aon dul as aici. Aon uair a thagadh strainséir go béal a dorais ag lorg eolas na slí i mBéarla, mar a tharlaíodh go minic, d'fhreagraíodh sí go fonnmhar sa teanga sin é dá mbeadh sí istigh ina haonar. Ach más amhlaidh a bhí duine le Gaelainn farae, fiú foghlaimeoir le cúpla focal, d'imríodh sí cluiche. Ligeadh sí uirthi nár thuig sí an cheist, loirgíodh sí aistriú ar a compánach, d'fhreagraíodh sí i nGaelainn, agus d'iarradh sí air arís é a aistriú ar ais go Béarla ar mhaithe leis an strainséir a chuir an cheist i dtús báire. Thaitin an cluiche seo go mór léi.

Nuair a chuirtear a grá diongbhailte don teanga san áireamh, is fuirist a thuiscint an meas mór a bhí aici ar dhán Thomáis Chriomhthain faoi uaisleacht na Gaelainne (uimh. 16). Ba mhór léi chomh maith an scéal ina bhfaigheann Gaeilgeoir an lámh in uachtar ar bhraigléir gairg an Bhéarla (uimh. 17), nó an scéal inar chuir bean fear céile míthuisceanach ina thost le cúpla focal i mBéarla briste (uimh. 19). Bhí áthas an domhain uirthi i dtaobh an scéil inar bhain beirt chearrbhach le Gaelainn feidhm as a scil teanga chun a chuid airgid ar fad a scuabadh ó Bhéarlóir aonteangach (uimh. 18). Deintear scigmhagadh faoin bhfuaimniú mórmheasúil agus faoin gcaint ghalánta, prioctha suas i Meirice ag imirceoir a bhí tar éis filleadh abhaile (uimh. 20).

Stair agus tíreolaíocht i scéalta Bhab
Baineann suntas agus tábhacht ar leith i dtimthriall na bliana leis na laethanta cinn ráithe, Lá Fhéile Bríde, Bealtaine, Lúnasa agus Samhain, agus le laethanta saoire eaglasta móra chomh maith. Baineann mórán seanchais leis na hócáidí seo ar fad agus ba mhór an cur amach a bhí ag Bab ar a leithéid. Bhí tábhacht ar leith ag baint leis an 11ú Feabhra, Lá 'le Gobnait i nDún Chaoin. Naomhphátrún an pharóiste í. Is comharthaí buana iad an Chill Mhór leis an gcloch chroise agus Tobar Ghobnait don ndeabhóid a bronnadh uirthi, agus deintear an turas ina honóir i gcónaí.

Is fiú a lua gur filí iad morán de na pearsantachtaí i mbéaloideas Chiarraí. Ar ndóigh, chuir Bab – a chum filíocht í féin – suim mhór sa traidisiún filíochta seo, agus bhí morán Éireann dánta agus amhrán de ghlanmheabhair aici. Ba é an file áitiúil Piaras Feiritéar (1600?-1653) ba cháiliúla i mbéaloideas Chorca Dhuibhne, taoiseach a throid ar feadh i bhfad in aghaidh arm Chromail, go dtí gur gabhadh ar deireadh é, agus crochadh go fealltach i gCill Airne é i 1653. Bhí ardmheas air ós rud é go bhféadfadh sé véarsaí a chumadh i gcaochadh na súl agus toisc go mbuaileadh sé bob ar a naimhde le cleasa cliste. Chabhraigh an fothrach caisleáin ó ré na Normánach i nDún an Óir agus Scairt Phiarais – an uaimh iargúlta ar an mBlascaod, a deirtear faoi go raibh sé ar a theitheadh ósna Sasanaigh ann – lena ainm agus a ghníomhartha gaisce a bhuanú i gcuimhne na ndaoine. Cuid de sheanchas Bhab faoin laoch seo is ea uimh. 23-25.

Cé nach raibh aon bhaint dhíreach acu le Dún Chaoin, bhí na filí clasaiceacha ó Chiarraí, Aogán Ó Rathaille (1670-1728) agus Eoghan Rua Ó Súilleabháin (1748-82) go mórthaibhseach sa bhéaloideas ann. Tá scéal faoi Eoghan Rua ar mhór le Bab a aithris in *Ó Bhéal an Bhab*.[42] Díreach mar Phiaras Feiritéar léirítear Aogán Ó Rathaille agus Eoghan Rua Ó Súilleabháin mar laochra náisiúnta, ag cosaint na nGael agus na Gaelainne i gcoinne na Sasanach agus an Bhéarla. Murab ionann agus Piaras, áfach, ní léirítear mar uaisle iad, ach mar réicí agus mar rógairí a bhíodh ag síormhagadh faoi na húdaráis agus ag bualadh bob ar lucht an rachmais agus an nirt lena gcleasa cliste. Níor bhain formhór na scéalta a insíodh faoi Aogán agus faoi Eoghan leo i dtús báire. Bhíodar á n-insint faoi mhórán cleasaithe eile laistigh agus lasmuigh d'Éirinn na céadta nó fiú na mílte bliain rompu. Sampla de sin an scéal faoi Aogán Ó Rathaille agus An Ceannaí Glic (uimh. 26). Cumasc atá ann de dhá scéal traidisiúnta a bhí forleathan in Éirinn agus níos sia ó bhaile, faoi bhob a bhuail fear tuaithe ar cheannaí glic. Insint eile ar scéal ársa atá san Ind, agus in áiteanna eile, is ea an tarna scéal a thráchtann ar an saoi a chum an cluiche fichille, agus a d'éiligh mar luach a shaothair gráinne arbhair don chéad chearnóg ar an gclár, dhá cheann don tarna ceann, ceithre cinn don tríú ceann, agus dúbailt dá réir ar gach cearnóg as sin amach, go dtí go raibh aithreachas mór ar an *maharaja* a bhí thar a bheith toilteanach géilleadh don éileamh i dtús báire, mar nár leor a raibh d'arbhar san Ind ar fad chun an saoi a chúiteamh.

Is léir gur cuireadh leagan Bhab den scéal in oiriúint go hiomlán don suíomh Éireannach. B'fhuirist dúinn a shamhlú gurbh eachtra é a tharla ar aonach an Daingin. Go deimhin is fíor a leithéid faoi scéalta i mórán de na ranna eile anseo. Pé áit as a dtánadar is annamh a bhíonn aon leid iontu a léireodh go dtarlaíodar in aon áit eile seachas in Éirinn, agus tá baint ag cuid acu go díreach le Ciarraígh agus le Ciarraí.

Chonaic Bab níos mó de thalamh na hÉireann ná mar a dhein glúinte ban Dhún Chaoin roimpi – Peig Sayers, mar shampla, nár chuaigh lastoir de Thrá Lí ach uair amháin nuair a chaith sí cúpla seachtain in ospidéal i mBaile Átha Cliath. Ba mhinic Bab i mBaile Átha Cliath, Corcaigh, Luimneach, Gaillimh agus áiteanna eile a bhuíochas dá rannpháirtíocht i seisiúin scéalaíochta an Oireachtais agus eile. Thugadh sí cuairt ar a muintir lasmuigh de Chorca Dhuibhne chomh maith. Mar sin féin, is ainmneacha a bhaineann le bailte fearainn, paróistí agus áiteanna eile laistigh de theorainn a contae dúchais, agus laistiar den nDaingean fiú, formhór mór na logainmneacha i scéalta Bhab. Ar an mbeagán eisceachtaí tá Corcaigh (i gcomhthéacs thrádáil ime na gCiarraíoch sa chathair sin, uimh. 36), Cill Airne (*en passant*, mar áit dhúchais ag cailín a thug cuairt ar Dhún Chaoin, uimh. 10), agus Gaillimh (an contae seachas an chathair, i scéal a léirítear í mar áit ina dtarlaíonn rudaí greannmhara, uimh. 39). Féach an léarscáil, lch. 43. Ní luaitear ach dhá thír lasmuigh d'Éirinn, Sasana (i scéalta ina léirítear na Sasanaigh mar naimhde traidisiúnta), i scéal faoi Phiaras Feiritéar agus i scéal faoi Dhónal Ó Conaill, (uimh. 25 agus 28) agus na Stáit Aontaithe (i scéalta faoi Éireannaigh atá tagtha abhaile ón dtír sin, uimh. 17 agus 20).

Bhain seanamháthair Bhab agus a deirfiúr leis an nglúin ar ghaibh a dtuismitheoirí tré uafás an Ghorta Mhóir. Ní haon iontas mar sin, go bhfeicfí an tubaist seo tré shúile na ndaoine agus go bhfuil an seanchas seo níos réalaí agus níos inchreidte ná na scéalta a bheadh luaite le pearsain stairiúla mar iad atá luaite thuas. Sa scéal faoi Bhríde (uimh. 27, a taifeadadh i 2005) chímid go soiléir an bhaintreach bhocht bhreoite ón gCom a bhí caillte leis an ocras, agus corpán an linbh dheiridh dá hál, ceangailte le téad dá muineál, agus í ag sileadh léi ar a slí go reilig Bhaile an Teampaill, agus as sin siar tré Bhaile an Ghleanna, mar ar dhein bean thrócaireach de mhuintir de Mórdha 'trí nó ceithre phráta' a róstadh di i dtreo is nach bhfaigheadh sí bás den ghorta. Ach ná cuireadh an chuma chruinn bheacht atá ar an gcur síos úd dallamhullóg orainn. Ní tuairisc fhírinneach oibiachtúil í. I leagan eile, a taifeadadh i 1998 deir Bab gur thug an bhean 'sé cinn de phrátaí' (ní 'trí nó ceithre cinn' faoi mar a bhí sa leagan ó 2005) do Bhríde – agus deir sí chomh maith gur ghoid sí óna fear céile iad. Is beag de dhifear é sin, b'fhéidir, agus d'fhéadfaí a rá gur chuma faoin ainm chomh maith, cé acu 'bean de mhuintir de Mórdha' nó 'Nóra de Londra' (faoi mar atá in insint eile) a thagraítear don bhean fhlaithiúil sa scéal. Ar aon nós, léiríonn na sonraí éagsúla úd, gur ealaíontóir cruthaitheach í an scéalaí. Ní hí an fhírinne ghlan is tábhachtaí, ach go gcuirfí cuma na fírinne in iúl le feidhm a bhaint as sonraí coincréiteacha. Thar aon ní eile, is ar éigean a dúirt Bríde Liath na focail a cuireadh ina leith, go raibh sí buíoch gurbh í a hiníon seachas na prátaí a cuireadh. Tá fianaise ann go raibh an scéal céanna i dtraidisiún na ndaoine le fada, agus an ráiteas curtha i mbéal ban eile seachas Bríde. Ina ainneoin sin – nó b'fhéidir mar gheall air sin – is cinnte go dtugann eachtra Bhríde Liath pictiúr níos gléine d'uafás an Ghorta dúinn ná mar a thabharfadh aon scéal dá oibiachtúla. Chuaigh cás crua Bhríde i bhfeidhm go mór ar a gaolta i Meirice, agus chuireadar leac cuimhneacháin sa tseanatheampall mar a bhfuil a leanaí curtha.

Thar aon phearsa stairiúil eile is é Dónal Ó Conaill is beoga a mhaireann i mbéaloideas na hÉireann, agus faoi mar a bheifí ag súil leis, ba mhó a réim i gCiarraí, a chontae dúchais. Níorbh aon eisceacht é Dún Chaoin. Mar shampla, d'eachtraigh Mícheál Ó

Gaoithín, mac Pheig Sayers, ocht gcinn de scéilíní faoi Dhónal in aon tráthnóna amháin.[43] Bhí roinnt mhaith de na scéalta seo ar eolas ag Bab. Tráchtann a bhformhór ar scil Dhónail mar dhlíodóir, ag cosaint chearta daoine a raibh coir bhréige curtha ina leith, bochtáin faoin dtuath go speisialta. Baineann roinnt scéalta eile lena éachtaí agus ráiteachais sa Phairlimint i Londain. San eachtra atá roghnaithe don chnuasach seo (uimh. 28) tugann Dónal gonc go hathúlta don Sasanach mná a dhein fonóid faoina shleamhnú ar shráid i Londain. Is í seo an eachtra is coitianta a insítear faoi Dhónal. Lena chois sin taispeánann sé nárbh aon duine ceartaiseach í Bab dá ceansa í.

Laoch agus tírghráthóir a casadh ar Bhab agus a raibh ardmheas aici air ab ea Éamon de Valera. Tá cuid de na scéalta faoi gach pioc chomh hapacrafúil leo siúd a eachtraítear faoi Dhónal Ó Conaill, ach is é atá anseo againn ná cuimhne ó óige Bhab ar thuras de Valera go Dún Chaoin (uimh. 29). Is ann a chloisimid mar a d'fhear sí féin agus leanaí eile na fáiltí geala roimhe. Leantar le scéal fantaiseach, go raibh amhras éigin ar Bhab faoina fhírinne. Baineann sé lena haintín, an scéalaí Máire Ruiséal, a raibh cáil bhean feasa agus leighis uirthi. Bhain sise feidhm as a cumhacht chun mac breoite de Valera a leigheas.[44] Ba rúndiamhrach go maith an tslí inar chuir Máire an leigheas i bhfeidhm. Cheangail sí eireaball madra le sifín, bhuail sí an madra chun go staithfeadh sé ón rúta é, agus le cóir bhreise (beiriú, b'fhéidir) thug sí don othar é. Nach iontach an scéal é gur traidisiún léannta meánaoiseach faoin *mandragora*, nó an rúta *mandrake* atá mar bhonn leis seo.[45]

Seanscéalta Iontais agus Seanscéal Rómánsúil

Sa roinn a bhaineann leis na seanscéalta fada draíochta agus rómánsúla tá ardinsintí ó thaifeadtaí RTÉ Raidió na Gaeltachta ar na scéalta 'Triúr Iníon na Baintrí' (uimh. 31) agus 'Na Trí Chomhairle' (uimh. 32) anseo againn. Léiríonn siad báidhiúlacht Bhab leis an mbochtán, agus tá dearcadh bhean an fheirmeora le brath go láidir orthu.

Scéalta Grinn

Mórthréith Bhab an t-ardghreann a bhí inti. D'fhéadfadh sin a bheith breac le haoir, go háirithe nuair a bheadh cur i gcéill, móiréis nó amaidí i gceist, ach ní raibh sí riamh nimhneach ná mailíseach. Ní haon iontas mar sin go bhfuil scéalta grinn go láidir i mála Bhab, agus tá lán na laidhre díobh istigh anseo againn. Tá cuid de na scéalta seo go forleathan ar fud na hÉireann, ach is iontach a dhoimhne atáid fréamhaithe i dtimpeallacht Bhab fhéin. Thaitin léi chomh maith na scéalta seo a insint ag mórthionóil, agus chuadar i bhfeidhm ar a lucht éisteachta mar is léir ón mbeocht ar leith agus na gáirí geala atá le clos sna taifeadtaí a deineadh ar dhá ócáid scéalaíochta acu sin, Éigse Dhún Chaoin i 1986 (uimh. 9,10,11) agus i gColáiste Mhuire gan Smal, Ollscoil Luimnigh i 1993 (uimh. 19, 20, 39).

Scéalta cráifeacha

Téann meon Bhab i bhfeidhm chomh maith céanna ar na scéalta cráifeacha agus finscéalta ar na naoimh, gur gné shuaithinseach dá stór iad. Cé gur tharla an scéal 'Mac na hÓighe Slán' (uimh. 41) sa Talamh Naofa, agus go deimhin cé nárbh ó Chiarraí do Naomh Pádraig ná Naomh Bríd (uimh. 42 agus 44), cuireann Bab an oiread sin muintearais agus dlúthchaidrimh ina scéalta cráifeacha, go n-éiríonn lena héisteoirí páirt a ghlacadh sna gníomhartha agus sna mothúcháin, amhail is go mbeadh gach aon rud ag tarlúint os comhair a súl amach.

Orthaí agus paidreacha na ndaoine

Nochtann na horthaí agus na paidreacha an creideamh simplí, maorga, díocasach agus fíorchorraitheach a bhí ag fir agus mná i gCríost, sa Mhaighdean Mhuire, sna Naoimh agus sna hAspail le sinsearacht. Is léiriú iad ag an am céanna ar na haicídí agus na gearáin a raibh muintir na Gaeltachta a d'iarraidh leigheas orthu, chomh maith leis an imní, an buaireamh agus na contúirtí a gcaithidís dul i ngleic leo ar muir is ar tír.

Focal scoir

Tá roinnt slite ina bhféadfaí feidhm a bhaint as an bpacáiste seo léirithe go dtí seo againn. Mar sin féin, dóibhsean ná beadh ródhírithe ar chanúint Chorca Dhuibhne, nó nach dteastódh uathu diantochras a dhéanamh ar aigne an scéalaí le tumadh go doimhin i bhfoinsí nó i gcosúlachtaí idir leaganacha éagsúla, nó riastáil a dhéanamh ar mhodhanna scéalaíochta Bhab, nó staidéar a dhéanamh ar shocheolaíocht phobal Dhún Chaoin, nó a mhacasamhail, níl le déanamh acu ach neamhshuim a dhéanamh dár moltaí ar fad. Éistídís gan tuilleadh moille leis 'an ceol i gcainteanna Dhún Chaoin', mar a thug an file Seán Ó Ríordáin air. [46]

Más ceadmhach dúinn moladh a dhéanamh ar deireadh, b'fhéidir gur anois an t-am chun dul ag siúl i nDún Chaoin agus tú ag éisteacht le caint ghlórmhar Bhab ar ghléas nua-aimseartha mar sheinnteoir CD, iPod nó MP3/4. Lena linn sin, is féidir leat turas a thabhairt ar an láthair ina adhartar Naomh Gobnait agus míle moladh a thabhairt do mhaorgacht na mara móire agus na Blascaodaí os do chomhair amach. Ansan is féidir leat an príomhbhóthar a leanúint le fána síos go Baile na hAbha, thairis an tigh inar mhair Bab agus a clann. Beidh radharc ann chomh maith ar fhothrach an tí inar saolaíodh Bab, agus le truslóg eile tiocfair ar an seanatheampall mar a bhfuil Tomás Ó Criomhthain curtha laistigh de gheata ann. Anseo, leis, atá an leacht a leagadh i gcuimhne Bhríde Liath, tamaillín ó dheas i gcúinne thiar na reilge. Agus cad ina thaobh ná leanfá ort as sin siar an tslí ar fad go Com Dhíneol agus thar n-ais aríst, agus glaise na ngort le cois Shliabh an Fhiolair ag síorathrú romhat amach, agus goirme glé na farraige trasna an Bhealaigh ar an dtaobh eile uait. B'fhéidir go mbeadh sé d'ádh ort bualadh leo siúd gur cuimhin leo Bab, is a fheabhas a bhí sí chun scéalta a insint. Más amhlaidh a déarfá leo gur léi siúd díreach a bhís ag éisteacht, tharlódh go gcoimeádfadh sibh comhrá muinteartha le chéile ar feadh tamaillín a chuirfeadh le suáilceas na huaine i nDún Chaoin duit, agus ní bheadh aon ní ab fhearr le Bab féin ná é sin.

Bhaisteamar *Coiglímis an Tine*, túsfhocail na paidre atá chun tosaigh inár mbailiúchán, ar an gcnuasach seo. Sa tseanam nuair nach raibh fáil ar lasáin, chaithfí an tine ar a raibh beatha an duine ag brath, a fhadú i ndeireadh an lae, i dtreo is go bhféadfaí í a dheargadh arís maidin lá arna mhárach. Ghlaotaí 'coigilt na tine' ar an modh ina ndeintí an ghríosach a rácáil ar chnáfairt tine lena hathbheochaint. Samhlaítear sa phaidir gur macalla shlánú Chríost ar an gcine daonna an choigilt. Iarrtar A chosaint siúd agus cumhdach na Maighdine Muire agus an dáréag aspal ar an dtigh go breacadh an lae, nuair a lasfar an tine arís. Ba bheag duine, fiú orthu siúd nach leo an creideamh simplí seo, ná raghadh an phaidir i bhfeidhm air, an phaidir a deirtí arís agus arís eile, ó oíche go hoíche, ó bhliain go bliain agus ó ghlúin go glúin. Maidir linn féin, tá ár ndícheall déanta againn caomhnú a dhéanamh ar thraidisiún Bhab le súil go gcoigleofar san éisteoir cuid den gcroíúlacht a mhothaíomarna agus sinn suite ag éisteacht léi cois a tine greadhnaí.

NÓTAÍ

1 Scéalta traidisiúnta atá i gceist, gan eachtraí pearsanta a chur san áireamh. Luamar in *Ó Bhéal an Bhab* go raibh ar a laghad 150 scéal i stór Bhab, ach tá roinnt mhaith scéalta sa bhreis tagtha chun solais ó shin.

2 Almqvist agus Ó Cathasaigh 2002.

3 *Ibid.*: 11-2.

4 Ó Cathasaigh 1998.

5 Ó Cathasaigh 2003. Maidir le 'An Cat is an Luch' agus 'Cearc an Phrompa' féach chomh maith Almqvist agus Ó Cathasaigh 2002: 62-4, 59-61. Tá leagan eile le Bab de 'Míorúilt na Nollag' i gcló in *An Caomhnóir,* uimh. 19, 1998: 5.

6 Ó Héalaí agus Ó Tuairisg 2007: 219, 225-6, 228, 230-5 agus 247-9. Is é an t-ábhar ó Bhab atá ann ná na scéalta 'Na Trí Shraoth' (cf. Almqvist agus Ó Cathasaigh 2002: uimh. 11), 'An Píopaire' (cf. *ibid*, uimh. 12), 'An Biorán Suain' (cf. Ó Siochfhradha 1932 uimh. 34; mar a thugtar 'Mar do Fuair Seán Bean' ar an scéal); agus 'Dé Luain, Dé Máirt' (ATU 503, *The Gifts*

of the Little People), scéal nár tógadh ó Bhab cheana chomh fada agus is eol dúinn. Mar bhreis air sin, tá mionseanchas ar na sióga ann.

7   Almqvist 2005.

8   de Mórdha 2005; 'ac Gearailt 2005 ; Ó Cróinín 2005; Ó Dubhshláine 2005.

9   Anon. 2005.

10 Ní Mhurchú agus Breathnach 2007: 31-2.

11 http://www.ucc.ie/en/DepartmentsCentresandUnits/RoinnanBhealoidisDepartmentofFolkloreEthnology/CornBhabFeiriteir/

12 Almqvist agus Ó Cathasaigh 2002: 159-60.

13 Ó Sé 2000.

14 Féach mar shampla Hyde 1936 agus 1939; Ó Duilearga 1948 agus 1981.

15 Almqvist agus Ó Cathasaigh 2002:147-58.

16 Tá clár iomlán scéalta agus seanchais Bhab Feiritéar á ullmhú againn. Tá sé ar intinn againn feidhm a bhaint as na bailiúcháin go léir atá déanta ó Bhab sa chlár sin, ina measc, na bailiucháin iomlána dár gcuid féin, an cnuasach ollmhór de thaifeadtaí i gCartlann RTÉ Raidió na Gaeltachta (ar a raibh réamhchlár curtha ar fáil dúinn), na taifeadaí fuaime i gCartlann Choláiste Ollscoile Chorcaí, a chuir Pól Ruiséal, Stiúrthóir Ionad na Gaeilge Labhartha, inár dtreo, agus cnuasach iomlán Ruth Uí Ógáin.

17 Linda Dégh 1969:177-9.

18 Almqvist agus Ó Cathasaigh 2002:174-5.

19 CBÉ 469: 27-46; Wagner agus Mac Congáil 1983: 206-15.

20 Ó Siochfhradha 1932.

21 Ó Súilleabháin 1952.

22 *Ibid*.: uimh. 53 agus 55.

23 Nuala Ní Dhomhnaill 1981 agus 1984.

24 Do dhlíthe na heipice, féach Olrik 1965: 129-41.

25 Don bhuntéacs, féach e.g. Robinson 1966: 89-93. Do leagan nua-aimseartha i mBéarla, féach e.g. Coghill 2009: 292-303.

26 Ruth Ní Longáin [Uí Ógáin] 1996: 73-4.

27 Tá na leaganacha Éireannacha ar fad den scéal cíortha ag Éilís Ní

Dhuibhne (1980-81 agus 2001).

28 Tógtha as leagan nua-aimseartha Klaf agus Hurwood (1964): 78. Do mhacasamhail fhótastatach den bhuntéacs, féach Hazlett 1887: 160 (uimh. 48). Tá an scéal *'Thief, Beggar, Murderer'* tugtha ina iomláine againn in Aguisín C.

29 O'Sullivan 1933.

30 Féach Gillet 1941: 170-7.

31 Zimmerman 2001: 351.

32 Tagraíonn uimhreacha ATU d'eagrán leasaithe Hans-Jörg Uther de *The Types of the Folktale* le Antti Aarne agus Stith Thompson.

33 Ó Súilleabháin agus Christiansen 1963 faoin gceannteideal *Man does not recognise his own reflection in the water.*

34 Zimmerman 2001: 351.

35 Flower 1944: 37-46.

36 Synge 1966: 252.

37 Zimmerman 2001: 350-1.

38 *Ibid.*: 351. cf. Kiberd 1993: 176-86 agus Kiberd 2009: 232.

39 *Ibid.*: 351-2.

40 Wagner agus Mac Congáil 1983: iii.

41 In agallamh le Roibeard Ó Cathasaigh, 24 Feabhra 2004.

42 Almqvist agus Ó Cathasaigh 2002: 126-6.

43 D'inis sé na scéalta do Bo Almqvist, 20 Meitheamh, 1968.

44 Ní raibh Bab deimhin de cé acu mac le de Valera a bhí i gceist, ach dúirt sí, nuair a múchadh an taifeadán, gur dóichí gurbh é Vivion a bhí ann, an té a bheadh ina Mhaor-Ghinearál agus ina Stiúrthóir Bainistíochta ar 'Scéala Éireann'/*The Irish Press* ina dhiaidh sin.

45 Féach nóta do scéal 30 thíos.

46 Ó Ríordáin 1971: *Línte Liombó.* Baile Átha Cliath, 14.

SEANCHAS AGUS SCÉALTA

3   Insa tSeanathigh

Tigín beag tachtaithe cúng a bhí againne, agus bhí sé dorcha go leor istigh ann go mór mhór sa chistin, púirín beag fuinneoige a bhí ar an gcistin, agus is ar thaobh na gaoithe, fé mar déarfá, a bhí an fhuinneoigín sin. Bhí dhá dhoras air, doras iata a ghlaoimíst ar cheann acu, mar is annamh a hosclaítí é sin, agus an doras tosaigh.

Agus bhí páille ansan taobh amuigh den dtigh, agus taobh amuigh den bpáille bhí trínse go ritheadh an t-uisce, is taobh amuigh den dtrínse bhí buaile, agus bailítí bruscar ansan i gcomhair aoiligh na bliana a bhí le teacht, abair, bailítí bruscar i gcomhair aoiligh ann. Agus bhí bothán na mba díreach cóngarach go leor dó san. Ach ansan, bhí an abhainn i ngiorracht urchar méaróige de bhinn an tí, agus sin a raibh le clos istigh insa tseanathigh ach fuaim na habhann a bhí ag síorghluaiseacht i ngiorracht urchar méaróige de bhinn an tí.

Dhera, ní raibh aon troscáin sa chistin. Bhí *dresser* ann ceart go leor. Bhíodh ana-shuim acu sa driosúr. Bhíodh a lán babhlaí acu agus a mbéal fúthu ar an ndriosúr, agus bhíodh a lán mugaí acu agus crúscaí. Thaitin na crúscaí ana-mhór leo. Bhíodh plátaí, leis, ach ní mór é. Ó, bhí bord againn, ní mór na cathaoireacha a bhí againn, ach stól; bhí stól ar thaobh amháin den mbord. Billeog ghléigeal ón siúinéir i gcónaí a bheadh ar an mbord, agus nuair a bheadh sí caite nó dreoite cuirfí billeog nua ann. Is cuimhin liom é sin, agus bhíodh sé chomh geal!

49

Ach ansan, nuair a bhíodh sé in am dinnéir, bheadh eagla orthu is dócha go loitfí an bord, déanfaí paca garbh a dh'oscailt, agus leithead a dhéanamh dó, agus é a ní, agus leathfaí é sin anuas ar an mbord agus caithfí amach na prátaí as an gcorcán anuas air sin. Agus ansan bheadh an t-anlann, b'fhéidir crúibín nó b'fhéidir blúire bagúin agus tornapa agus gabáiste ann, cuirtí ar mhias nó ar phláta mór i lár an bhoird é sin mar anlann, agus bheadh gach éinne ag ithe a choda féin.

Bhí corpard ansan ann – an áit a coimeádtaí an t-arán agus rudaí mar sin. Agus ansan, os chionn na tine, bhí clabhar ag teacht amach, agus ar dhá thaobh do san bhí cúl-lochta a ghlaoimíst air, is cuirtí siúicre is té agus rudaí mar sin a bhíodh tagtha ón siopa anuas ar thaobh do, agus ar an dtaobh eile bheadh gallúnach agus cúpla scuab chun bróga a ghlanadh agus smearadh na mbróg.

Bhí cúib ana-dheas i mbun an driosúir againne, nuadhéanta ag Tomás Ó Cíobháin ón nGráig, agus is é sin anois athair críonna Sheáinín Ó Cíobháin atá i *Radio* na Gaeltachta. Bhí cúib ana-dheas déanta aige sin dúinn, agus bhí comhla bheag ina lár. Dh'osclaimíst an chomhla bheag i rith an lae, agus dá mbeadh cearc chun ubh a bhreith, shiúlódh sí isteach go deas, agus léimeadh sí isteach 'on chúib – bhéarfadh sí an t-ubh istigh sa chúib. Agus bhíodh a thuilleadh acu, gan dabht, ag breith amuigh, is bhíodh trioblóid ag lorg na n-ubh sna clathacha is nach aon ní.

Ach sin é ansan, mar tá an nath riamh ó shin ann, dá mbeadh bean a bheadh gasta nó ciallmhar déarfaí 'ní cearc ag breith amuigh í'. Mar théadh an chearc gasta 'on chúib!

4 An Chuimhne is Sia Siar im Cheann

An chuimhne is sia siar im cheann ná gur chuas féin agus mo dheirfiúr agus m'athair ag baint béal gearrtha de phrátaí nua – agus cad é mórtas a bhí orainn ag dul ag baint na bprátaí nua! B'fhéidir go raibh mo dheirfiúr ag tarrac ar cúig, is bhí bliain go leith aici sin ormsa, abair. Bhí cléibhín ag m'athair, agus bhí sé siúd ag baint, agus sinne ag cnuasach agus ag cur na bprátaí sa chléibhín.

Agus cé a ghaibh chugainn ná cailín de mhuintir Shíthigh, a bhí ag maireachtaint díreach trasna na habhann uainn i mBaile na hAbha – cé go nglaotaí Baile an Teampaill ar an áit gur chónaigh a muintir siúd, ach ní mór ná gur aon bhaile amháin é – ghaibh sí chugainn, agus í tagtha ó Mheirice. Agus ní ag féachaint ar cad a bhí ina láimh a bhíomairne in aon chor, ach ag féachaint ar na héadaí deasa a bhí uirthi, bhí sí chomh deas, chomh gléasta! Is bhí fearas ina láimh aici, agus bhí sí ag caint le m'athair.

Agus dúirt m'athair linne seasamh ar gach taobh dó. Chuir sé an bhirdeog prátaí nua os ár gcomhair amach. Agus bhí duine againn ar gach taobh do, agus beirthe ar lámha aige orainn. Agus nár thóg sí an pictiúir!

Chuaigh sí thar n-ais go Meirice, agus nár chuir sí chugainn beart beag ana-dheas, agus istigh ann bhí… ba dhóigh leat gur pláta é, ornáideach, agus an pictiúir ar an bpláta. Ó, bhí sé go hálainn ar fad, ar fad! Is mór an trua gur chailleas é. Nuair a bhíonn tú óg ní thugann tú aire cheart d'aon rud.

5 Seanamhná ag Caint cois Tobair

Sin é mar a bhíodh, mar an uair sin ní raibh aon áit cruinnithe pobail ná aon ní ag na mná bochta, fé mar tá anois, chun bualadh le chéile, agus is é áit a bhuailidís le chéile ná ag an dtobar, díreach trasna na habhann ónár dtighne a bhí an tobar. Bhí an abhainn ag síorghluaiseacht i ngiorracht urchar méaróige don dtigh inar tógadh mise. Agus bhailíodh na mná bochta le chéile ansan nuair a bhíodh obair na maidine déanta acu, agus bhíodh cannaí adhmaid agus ceaintíní stáin, agus iad ag triall ar fhíoruisce, mar sa tobar a dh'fhaighidís an fíoruisce le n-ól agus chun braon té a dhéanamh. San abhainn a gheofaí an t-uisce chun níochán a dhéanamh.

Bhíodh ana-dhúil againn a bheith ag éisteacht leo, agus bhídís ag rá linn dul abhaile agus dul abhaile, gan a bheith ag éisteacht le seanamhná ag caint. Ó, a Mhuire, chuiridís uaibhreacht ort uaireanta.

Bhí bean amháin agus bhí sí tar éis cailín breá d'iníon a bhí aici a bheith adhlactha díreach insa teampall taobh thuas den dtobar. Agus, ó, a Mhuire, an bhean bhocht, a croí briste, agus an t-ochlán a bhí uirthi, ní nárbh ionadh dhi, mar bhí cailín álainn léithi tar éis a bheith adhlactha díreach in aice léi insa teampall. Mar sin a bhíodh acu, bhídís ag caint ar an ainnise, is ag caint ar an saol mór is ag cur na' haon ní trína chéile, agus bhímísne ag tógaint isteach.

Mar a chéile ansan tráthnóna, is ait é go mbailíodh na fearaibh ag binn ár dtighne, ár seanathighne, agus bhíodh fear amháin ann, agus fear léannta ab ea é, leabhar aige, agus an tairngreacht sa leabhar aige, agus sinn féin ag éisteacht leis, agus ní ceachta scoile a bhíodh á dhéanamh againn, ach ag tógaint isteach uaidh siúd. Agus is cuimhin liom an tairngreacht a bhíodh aige, ná go ndeireadh sé:

Liathaigh na liatha luaith,

agus silfidh na cruacha cáith,

beidh muileann ar gach sruth,

leanbh in ucht gach garlach,

cogadh gan eagla in Éirinn,

agus gan aithne ag éinne ar a mhnaoi.

Thógamair isteach an méid sin.

6   Mo Thuras 'on Oileán

Is amhlaidh a bhí dochtúir an uair sin ar saoire i dTigh Khruger, é féin agus a bhean. Ó Mheirice a thánadar, ach cailín ó Ard Fhearta a bhí pósta aige agus, más buan mo chuimhne, ba de Mhuintir Charney. Agus bhí ana-dhúil ar fad ag an ndochtúir i nGaelainn, Dochtúir McCartan. Ó, a Mhuire, bhí ana-dhúil i nGaelainn aige. Bhíomairne óg an uair sin agus, dhera, b'fhearr linn saoirse. Ach, d'iarr sé orainn an raghaimis ag léamh na Gaelainne, agus á mhíniú dhó, leabhairín beag scoile, abair, 'leabhar an dá phingin', fé mar deireadh Kruger, agus bhíodh sé sásta leis sin. Ach dúirt sé gurb é an tuarastal a thabharfadh sé dhúinn ná go dtabharfadh sé isteach 'on Oileán lá sinn, agus an dtuigeann tú, 'bhreá linn-ne go raghadh an scéal amach go rabhamair san Oileán, díchéille na hóige, mar ní raghadh 'on Oileán, an dtuigeann tú, ach lucht rachmais agus daoine uaisle, mar dhea. Agus ó, a Mhuire, cleite inár gcaipín ab ea é go raghadh an scéal amach go rabhamair san Oileán.

Lá Domhnaigh chuamair go dtí an aifreann anso i nDún Chaoin, thánamair abhaile agus d'ólamair scíobas té. N'fheadar anois ar itheamair aon bhlúirín aráin nó nár dheineamair, ach bhaineamair amach an Fhaill agus bhíomair go léir ann le chéile, mise agus Máirín – mo pháirtí, abair – an dochtúir agus a bhean, agus mac deirféar don mbean, sin cúigear, Liam Mansfield, n'fheadar, ní raibh ach súilaithne againn air,   a bhí ag fanacht sa pharóiste – agus an chriú; b'shin naonúr sa naomhóigín – an iomad! Ach, bhí an fharraige fé mar a bheadh plána gloine, agus le linn dúinn a bheith ag dul 'on Oileán, an ghrian ag taitneamh, agus 'dhóigh leat gur ag sleamhnú ar leac oighir a bhí an naomhóg. Ó, a Mhuire, bhí sé go haoibhinn!

Ach nuair a shroicheamair an tOileán, chuir an dochtúir ceist orm fhéin an raibh aon daoine muinteartha insan Oileán againn a thabharfadh scíobas tae dhúinn nó aon rud in aon chor, is é sásta, lántsásta, díol as. Is dúrt go raibh, muintir Shúilleabháin, mar bhídís sin ag siúl ar m'athair. Thugadh m'athair tuigí ón mBaile Íochtarach chucu nuair a bhídis ag déanamh potaí, leis an gcairt is leis an gcapall, an dtuigeann tú. Ó, dream ana-ghalánta ab ea iad. Agus ardchainteoir ab ea an t-athair, Seán – Seán Mhicil Ó Súilleabháin – ó, ardchainteoir, cruinn agus doimhin. Ach, bhí formhór an Oileáin mar sin, bhíodar is dócha, taithí acu air, caint réasúnta ciallmhar i gcónaí. Ach pé scéal é, bhaineamair an tOileán amach, agus dúrt leis go raibh muintir Shúilleabháin. Ó, bhí sé ana-shásta! Chuamair go dtí an dtigh, agus mo ghraidhin í, n'fheacasa riamh roimhe sin bean Sheán Mhicil Ó Súilleabháin, bhí sí romhainn sa doras. Níor chuir sí suim dá laghad ins na huaisle, ach rug sí barróg orainn fhéin agus dúirt sí: 'Mo ghraidhin sibh, clann na seanamhuintire!'

Agus, is dealraitheach go raibh beirt shagart le teacht ar lóistín chucu lá arna mháireach, ar an Luan, agus bhí bollóg mór ó Thigh Tommy McCarthy sa Daingean, rísíní, agus bollóg mór eile déanta le im nó rud éigin, agus ní bheadh sí sásta, dúirt sí go gcaithfimisne ár gcuid de lón na sagart a dh'fháil, agus dúramair léi gan na bollóga a bhriseadh, ach níorbh aon chabhair a bheith léi. Bhuel, an bord a cuireadh chugainn! Tháinig an iníon isteach, agus an bord curtha chugainn, bhí ionadh ar an ndochtúir féin go bhfaigheadh sé a leithéid de bhéile istigh insan Oileán.

Ach ansan, glanadh an bord, agus thosnaigh Seáinín leis an veidhlín, agus tháinig a thuilleadh de mhuintir an Oileáin isteach is veidhlín ag duine is bosca ag duine eile. Thosnaigh an rince. Nár dhearúdamair teacht abhaile!

Ach, nuair ab am leo go léir dul abhaile, thugamair féin fén gcaladh. Bhí Kruger romhainn is muc ar gach malainn leis. Dúirt sé go raibh an taoide athruithe agus caithfimis cúrsa eile, athchúrsa éigin, a thógaint ó thuaidh chun Tóin na Cille. Is bhí an ceart aige, shuigh sé siúd an scéal, níor thuigeamairne. Ach nuair a thánamair chomh fada le Faill Móir, bhí borradh i mbéal na faille, ní fhéadfadh an naomhóigín dul ná teacht. Bhí duine ag gol, duine ag paidreoireacht is duine ag scréachaigh le scanradh, agus Kruger ag tabhairt amach dúinn gur ag gáirí a bhíomair! Ach ní hea. Ach, b'é leonú Dé go raibh gasra fear ar Bharra na hAille, agus nár thuigeadarsan an dainséar go raibh an naomhóigín; ritheadar anuas agus chaitheadar téad ualaigh amach go dtí an gcriú, agus bheir duine acu san nó b'fhéidir beirt ar an dtéad agus tharraingíodar isteach sinn. Muna mbeadh san, d'fhanfaimíst i mbéal na faille.

Ach riamh ó shin, ní raghainn isteach i naomhóig ag dul 'on Oileán ná i mbád ach oiread.

NA COMHARSAIN

7 Claidhreacht Charlie

Cladhaire ceart ab ea Charlie, an dtuigeann tú. Bhíodh sé ag bothántaíocht againn gach aon oíche, agus ba bhéas leis fanacht ana-dhéanach ar fad. Ach an oíche seo bhí Séamas Feiritéar ag rá leis go raibh sé in am dul abhaile, is in am dul abhaile, agus d'imigh sé uainn ar deireadh.

Ach ní raibh sé imithe i bhfad nuair a tháinig cnag insa bhfuinneoig agus d'fhiafraíos féin:

'Cé tá amuigh?'

D'fhreagair sé, Charlie a bhí ann, agus dúirt sé:

'Bhuaileas led mháthair chríonna tar éis dom an tigh a dh'fhágaint an uair sin, tá an créatúir i bprugadóireacht, ach níl aon luid den bpaidrín aici, agus dúirt sí liom dul isteach agus a rá leatsa – is í do mháthair chríonna í – paidrín a cheannach, agus é a bhreith 'on tsáipéal trí Domhantaí go dtí an sagart agus é a bheannú.'

'Ceart go leor!' a dúrt leis.

Agus, ní raibh sé i bhfad imithe nuair a tháinig an cnag aríst, agus dúirt sé gurb é SeanaMhártan a bhuail leis, agus gur chuir sé caint air agus go ndúirt sé go raibh sé go hiontach, ach ná raibh aon mhaide aige, agus ná raibh sé ábalta ar aon taisteal a dhéanamh trína chuid prugadóireachta, agus dul isteach go dtína chliamhain… a bhean, agus a rá leo maide siúil a chur lena anam. Dúirt Charlie go ndéanfadh agus fáilte.

Bhí sé ag cur dó aríst, a dúirt sé, agus cé bhí ina choinne ná Seán Cooney, agus chuir sé ceist air conas a bhí aige. Dúirt sé go raibh sé go hiontach, ach ná raibh luid den dtreabhsar air agus é i bprugadóireacht, agus dul isteach go dtína mhac agus a rá leis treabhsar a cheannach sa tsiopa insa Daingean, agus é a chur lena anam. Agus dúirt Charlie leis go ndéanfadh agus fáilte, agus go gcaithfeadh sé fhéin é trí Domhantaí ag an aifreann agus go gcoimeádfadh sé as san amach é.

8   Charlie agus an Rón

Is amhlaidh a bhí Charlie ag faire raic – raic éigin a chonaic sé ag snámh amach ó Fhaill na gCaorach, faill mhór doimhin ab ea í. Agus chuir sé a shúil ar an raic, bhí sé ag faire na taoide.

Agus ansan bhí mac ag Ulick – Matt – agus 'bhreá lena chroí siúd bheith timpeall na farraige, agus chonaic sé siúd an raic. Ach bhí an bheirt ag faire ar a chéile, agus nuair a tháinig an oíche, oíche bhreá ghealaí, chuaigh Charlie síos go Faill na gCaorach, agus shuigh sé ar charraig.

Agus, ná feaca sé an duine ar barra agus é ag siúl chuige anuas, bhí a fhios aige gurb é Matt é. Theastaigh uaidh eagla a chur ar Mhatt, chun go dteithfeadh sé. Agus dúirt Charlie:

'Óh, oh, oh, ohh, óhhó!!!'

Agus leis sin dúirt an guth in aice leis:

'Óh, ohh, ohh, óhhhhó!!!'

Is beag nár thit an t-anam as, is nár thit sé den gcarraig.

Cad a bhí ann ná rón!

9 Kruger – An Fear féna Ghluaisteán Fhéin

Ní féidir liom aon ní a rá i gcoinnibh Khruger, mar mac do Mháire Sheosaimh ab ea é, agus is dóigh liom ná raibh bean chomh carthanachtúil, ná chomh déirciúil, ná chomh huasal, ná raibh a leithéid i nDún Chaoin riamh, agus is mór an focal le rá é, cé go raibh a lán daoine maithe ann. Bean déirciúil ab ea í. Ní raibh cámas ná éirí in airde ag baint léi, agus ba mhar a chéile léi lucht déirce, nó fé mar a bheadh daoine eile ag rith i ndiaidh phiardaí. Ní raibh aon suim aici iontu. Bhí tigh oscailte, ullamh gach aon oíche chun lóistín a thabhairt do éinne a bheadh ina ghátar, agus níor ghlaoigh sí riamh 'bacaigh' orthu, ná 'lucht siúil', ach 'bochtáin Dé'.

Ach, bhí aithne agam ar Khruger, leis, agus aithne fairis na seacht n-aitheanta, fé mar a déarfá. Tá a lán scéalta ar Khruger.

Is cuimhin liom lá amháin a bhíos ag baile, agus bhí banartla an uair sin i mBaile an Fheirtéaraigh, bhíodh sí ag dul timpeall go dtí daoine breoite agus go dtí leanaí óga agus mar sin. Col ceathrar do Khruger ab ea í. Ach tháinig sí isteach chugam, agus d'iarr sí orm teacht léi go Tigh Khruger agus go ndéanfadh sé maitheas dom, toisc a bheith ag plé leis na leanaí i rith an lae. Dhein sí ana-thathant orm, agus d'imíos in éineacht léi.

Ach nuair a bhíomair ag déanamh siar ar an dtigh, bhí gluaisteán Khruger taobh amuigh den dtigh ar a chliathán, agus do bhí Kruger sínte fúithi istigh agus é ag socrú rud éigin in airde – rud éigin a bhí bun os cionn leis an ngluaisteán. D'imíomair thairis isteach, n'fheaca sé in aon chor sinn, is dócha, agus chuamair isteach. Agus bhí bean ana-mhaith ag Kruger – Cáit – bean mhacánta, agus dúirt sí linn suí síos is go mbeadh braoinín té againn, is go ndéanfadh sé maitheas dúinn, is go mbeimis ag caint. Ba bhreá lenár gcroí té in éineacht léi, mar dheineadh sí cístí beaga deasa agus bhíodh ana-dhúil againn iontu. Shuíomair síos agus bhíomair ag ithe, nuair a ghaibh Kruger isteach agus é go léir salach bréan. Agus sheasaimh sé i lár an tí agus dúirt sé:

'In ainm an Athar, agus an Mhic, agus an Spioraid Naoimh, *Amen*. Iarraimse ar Dhia agus ar an Maighdean Ghlórmhar, Bheannaithe, is gurb í bhur dtae deireanach í,' a dúirt sé.

'In ainm Dé is Mhuire Mháthair,' a dúirt bean an tí leis, 'cad tá ort?'

'Tá,' ar seisean, 'bhíos ag béicigh is ag scréachaigh fan an trathnóna ar mo bhean féin, agus is iad muintir Bhaile an Ghleanna a bhí ag obair sa páirceanna a tháinig anuas chun mé a dh'fhuascailt, agus mo bhean fhéin ag caitheamh a tóna anso istigh.'

10 Straip na Sála Arda

Thug sé oíche eile sinn go dtí Ceann Trá go dtí rince. Is dóigh liom go mbíodh trí réalacha aige, an duine, ar dhul go Ceann Trá, agus scilling ar an mBuailtín. Agus nuair a bhíomair ag teacht abhaile, ghaibheamair Ceann Sléibhe – oíche bhreá ghealaí ab ea í. Dh'imigh na soilse amach air, is nuair a bhíomair ag teacht timpeall Chinn Sléibhe ná bhí an *crusher* stopaithe ann, agus pé slí a chuir sé a cheann amach chun go bhfaigheadh sé eolas an bhóthair, ná bhuail sé a éadan ar rud éigin.

Agus bhí cailín ó Chill Áirne insa ghluaisteán, agus bhí sé ana-chairdiúil ar fad léi. Dúirt sé go raibh aithne mhaith aige ar a máthair, agus gur *sweetheart* leis ab ea a máthair. Agus bhí sí ana-mhóralach, dúirt sí go mbeadh sí á rá lena máthair nuair a raghadh sí abhaile.

Ach ní raibh mórán Gaelainne in aon chor aici. Ach nuair a thánamair chomh fada le Crosaire Bhaile na hAbha, dúirt sé go dócha go mb'fhearra dhúinn teacht amach. Dúramair go rabhamair sásta. Ach dúirt sí siúd ná féadfadh sí siúl abhaile mar go raibh sála ró-ard féna bróga.

'Ó, Dia linn, caithfidh mé sibh a chur abhaile mar sin,' arsa Kruger.

Ach nuair a bhíomair ag dul ó thuaidh i dtreo Thig Mhollie, nár chuaigh sé 'on díg, agus dh'imigh óspairt éigint dó. Chaitheamair teacht amach, d'iarraidh é a shá amach as, agus d'iompaigh sé timpeall agus dúirt sé:

'Bheinn ag baile anois mara mbeadh tusa, a straip na sála arda!'

'Ó,' a dúirt an cailín as Béarla, 'an ormsa atá sé ag glaoch an ainm sin? Ó, caithfead é a rá lem mháthair, is ní chreidfeadh sí go deo go ndéarfadh Kruger é.'

Dhera, thá na mílte scéal air.

11 'Ní hé an tóinín a mheall tú...!'

1936 ansan a phós sé, agus is í a mháthair a dh'fhág sé i mbun an tí, agus bhí an Cuaisín á thógaint san am chéanna, agus d'fhág sé bean mhaith, mar ní raibh aon ocras ar an bhfear a bhí i bhfeighil an Chuaisín. Is dóigh liom gurb ó Bhaile Chaisleán Bhéarra é, Súilleabháin ó Bhaile Chaisleán Bhéarra. Dúirt sé gur minic a chonaic sé *ham*, más *ham* a ghlaofam air, ach ná fuair sé a dhóthain riamh do go dtí so, mar ní hea a thugadh Máire slisíní beaga in aon chor dó, ach canta a bhíodh buailte chuige ar an mbord ag Máire.

Ach do tháinig Kruger, ach go háirithe, agus Kate in éineacht leis, agus:

'This is your own home,' a dúirt Kruger le Kate, 'and make yourself comfortable!' a dúirt sé.

Bhí a lán daoine istigh. Agus ansan d'imigh Kate sall, agus dúirt Kruger:

'Féach anois, chíonn sibh an tóinín deas athá ar Khate, ab aon ionadh go meallfadh sé Kruger?'

'Mhuise, i láthair Dé, a bhuachaill,' a dúirt Kate, 'bí fírinneach, mar ní hé an tóinín a mheall tú, a Khrugeir, ach an sparáinín atá ag Kate!'

NA PICTIÚIR

Dún Chaoin ón Maoilinn anuas

Grianghrafadóir: Breandán Feiritéar

Eibhlín Ní Shé, máthair Bhab i Hartford

Grianghraf: le caoinchead ó Bhreandán Feiritéar

Séamus Feiritéar, fear céile Bhab agus a mac Breandán ina bhaclainn, Johnny Guithín, athair Bhab, 1947

Grianghrafadóir: Pat Feiritéar, le caoinchead ó Bhreandán Feiritéar

**Máire Ruiséal, seanaintín Bhab, agus Cáit Ruiséal,
a máthair chríonna, scéalaithe**

Grianghraf: Cnuasach Bhéaloideas Éireann, le caoinchead

Tadhg Ó Guithín, uncail Bhab, scéalaí

Grianghraf: Cnuasach Bhéaloideas Éireann, le caoinchead

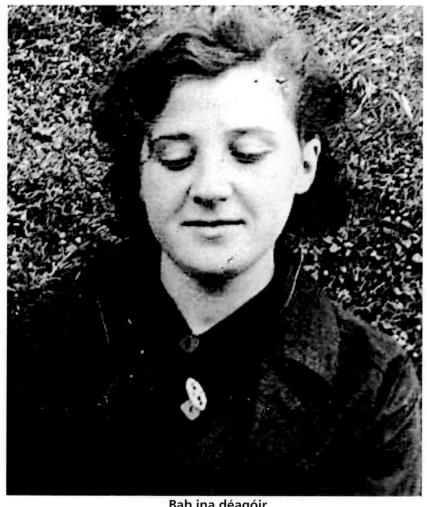

Bab ina déagóir

Grianghraf: le caoinchead ó Bhreandán Feiritéar

Meitheal Choirce i nGort an Aitinn, 1962
Ó chlé ar chúl: Pádraig, Séamus le Treasa ina bhaclainn, Breandán.
Ó chlé, chun tosaigh: Bab le Séimín faoina lámha, Mícheál.

Grianghrafadóir: Neil Bean Uí Mhóráin, le caoinchead ó Bhreandán Feiritéar

Bab agus scéalaithe óga Chorca Dhuibhne i dTeach Siamsa na Carraige 1993

Ó chlé, ar chúl: Tomás Feirtéar (Scoil Chill Mhic an Domhnaigh), Sibéal Ní Lubhaing (Sc. an Fheirtéaraigh), Sláine Ní Chonchúir (Sc. an Fheirtéaraigh), Rónán Ó Cearbhaill (Sc. Chluain Churra), Brian Ó Móráin (Sc. Chluain Churra), Mícheál Mac Eoin (Sc. na Minairde), Pádraig Ó Murchú (Sc. an Chlocháin), Liam Ó Cathasaigh, Edbhard Mac Gearailt (Sc. N. Eirc), Eoin Feirtéar (Sc. Dhún Chaoin), Marc Ó Sé (Sc. an Fheirtéaraigh), Dáithí de Mórdha (Sc. Dhún Chaoin), Eibhlín Ní Mhaoileoin (Sc. Dhún Chaoin),

Ó chlé, chun tosaigh: Breandán Ó Conchúir (Sc. an Ghleanna), Lís Feirtéar (Sc. Chill Mhic an Domhnaigh), Bab Feiritéar, Eibhlín Ní Chathasaigh, Philomena Ní Scanláin (Sc. N. Eirc), Caitlín Ní Chéirín (Sc. an Chlocháin).

Grianghrafadóir: Roibeard Ó Cathasaigh

Seoladh *Ó Bhéal an Bhab* 2002
Ina suí: Bab Feiritéar, Bob Collins, Príomh-Stiúrthóir RTÉ,
a sheol an cnuasach.
Ina seasamh: Bo Almqvist, Roibeard Ó Cathasaigh, Mícheál Ó Sé,
Tomás Ó Ceallaigh, Jeaic Ó Muircheartaigh, Ceannaire Réigiúnach
RTÉ RnaG, Deirdre Ní Thuathail.

Grianghrafadóir: Breandán Feiritéar

Seanathigh na nGuithíneach ina scioból bó sna seascaidí

Grianghrafadóir: Breandán Feiritéar

An tigh nua a tógadh i 1939

Grianghrafadóir: Breandán Feiritéar

Ag teacht i dtír ón mBlascaod

Grianghrafadóir: Breandán Feiritéar

Seán Ó Conchúir ('Charlie')
Grianghrafadóir: Breandán Feiritéar

Muiris Caomhánach ('Kruger') ina shiopa

Grianghrafadóir: Colman Doyle, le caoinchead ó Bhreandán Feiritéar

Domhnall Mac Síthigh ag Scairt Phiarais ar an mBlascaod Mór (Ba é Dómhnall céadbhuaiteoir Chorn Bhab Feiritéar an Oireachtais).

Grianghrafadóir: Críostóir Mac Cárthaigh

Leacht Bhríde Liath i seanreilg Dhún Chaoin

Grianghrafadóir: Breandán Feiritéar

Is í inscíbhinn na leice ná:

"Anso ina luí an cailín ba dheise
is bhreátha dá raibh i gCiarraighe le
sinsireacht" Peig
"Codlaíg go suaimhneasach i suaimhneas
síoraí, a chlann ó agus a chéile cneasta!
Ní baol go musclófar sibh go dtiocfaidh
an mhuir aduaidh is go n-iompóidh
an fiach dubh gléigeal! Ná bíodh eagla oraibh,
a chlann ó, gur baol díbh
ocras ná tart." Bríde Liath

"In this place rests the lovliest and finest girl
seen in Kerry" Peig
"Sleep peacefully in eternal rest
beloved family and gentle husband!
There's no fear that you'll ever awaken
until the ocean pours from the north
and the the dark raven turns snow white
Have no fear now, dear ones,
that you will ever again suffer
hunger or thirst." Brighde O'Sullivan
From an American 1989

79

Cill Ghobnait

Grianghrafadóir: Breandán Feiritéar

Tobar na Cille / Tobar Naomh Gobnait, mar atá sé inniu.
Cliodhna Cussen a chruthaigh an dealbh

Grianghrafadóir: Breandán Feiritéar

Bab Feiritéar 1986

Grianghrafadóir: Sören Hallgren

NA COMHARSAIN NEAMHSHAOLTA

12 Fairy agus Púca

Fear a bhí thuaidh i bparóiste Mórdhach agus is é an leasainm a bhí air ná *Fairy*. Agus bhí fear eile ina chónaí sa Daingean agus is é an ainm a bhí air ná Púca. Agus deirtí gur dhainséarach an blúire bhóthar é maidean aonaigh nuair a bheadh an *Fairy* ag gabháil síos agus an Púca ag gabháil aníos!

13 Cailín Deas Crúite na mBó

Bhí bean bhocht ina cónaí i bparóiste Fionntrá fadó. Bhuail sí breoite, an créatúir, agus bhí sí ar sileadh báis. Agus cuireadh fios ar an sagart di. Agus istigh sa Daingean, fé mar atá fós, a bhí na sagairt ina gcónaí. D'fhág an sagart an Daingean ar chapall iallaite, agus bhí sé ar a chroí géar díchill ag déanamh ar an mbean bhreoite.

Ach nuair a tháinig sé go dtí barra Chinn Trá chuala sé, dar leis, an t-amhrán is binne agus is ceolmhaire dár chuala sé riamh duain uaibhreach ceart. Stop sé an capall, ní fhéadfadh sé gabháil thairis agus d'fhan sé ag éisteacht leis an amhrán. Agus is é an t-amhrán a bhí á chanadh ag an amhránaí ná 'Cailín Deas Crúite na mBó'.

D'fhan sé ansan agus nuair a bhí an t-amhrán críochnaithe, dúirt an sagart leis féin, pé duine bocht a bhí ag amhrán, gur cheart rud beag éigin a thabhairt dó, tairiscint beag éigin nó bronntanas.

Léim sé anuas den gcapall agus léim sé in airde ar an gclaí, agus ní raibh Críostaí Mhic an Luain ansan ach madra mór dubh, *bulldog* a dúirt sé.

D'fhill sé thar n-ais, léim sé in airde ar an gcapall agus é go tromchroíoch agus thug sé fén mbean bhreoite, agus bhí an bhean bhreoite ar shlí na fírinne sarar shroich sé an tigh, agus thit sé chun dóláis. Chuaigh sé abhaile, agus chuir an scéal isteach chomh mór san air gur chuir sé roimis go gcaithfí gan an t-amhrán san a chanadh níos mó.

Agus ansan, deineadh athrú éigin air, ní hé an ceann céanna atá ann riamh ó shin. Athraíodh ar fad é is dealraitheach, bhí sé seo ana-uaibhreach, ana-íogair, ach athraíodh ar fad é.

Dúirt an sagart gurb é an t-áirseoir a bhí ann ag cur moille air, chun go mbeadh an bhean bhreoite ag Dia sara sroisfeadh sé í.

14 Fear Lios Póil

Bhí ana-chuid scéalta ar na liosanna, abair, ana-chuid, fé mar a thabharfá leat iad. An dtuigeann tú, nuair a bhíodh na daoine maithe ag imeacht fadó, bheadh duine beo in éineacht leothu i gcónaí – mar n'fhéadfaidís éinne a dh'fhuadach gan duine beo a bheith leo. Agus bheadh a fhios ag an nduine sin cá raibh fear tí maith, nó bean tí – máthair linbh b'fhéidir, bhídis á lorg sa lios an dtuigeann tú, – agus de réir mar a bheadh duine ag teastáilt uathu, b'fhéidir fear óg, thabharfadh an duine beo eolas dóibh.

Ach chloisfinn m'athair críonna á shíor-rá, gur fuadaíodh fear ó Lios Póil, fear tí go raibh gabháltas maith talún aige. Agus tugadh go dtí an lios é, agus bhí sé ansan sa lios agus an fear bocht ana-thrína chéile. Bhí sé ag obair is ag gnó ann, ach ní dh'itheadh sé aon greim bídh ann, mar ba bhreá leis dul abhaile go dtína bhean agus go dtína chlann, ní nach ionadh. Ach ní fhéadfadh sé teitheadh.

Ach lá amháin tháinig an bhean bheo so isteach, agus dúirt sí leo go raibh focal aici ó bhean eile thuas i dTír Chonaill go raibh cailín ana-bhreá ansan, agus dá bhféadfaidis dul agus í a dh'fhuadach an oíche sin go raghadh sí leo. Is ea, d'imíodar orthu, agus níor fhan éinne sa lios ansan ach fear Lios Póil agus truáinín beag a bhí curtha i bhfeighil an leasa. Agus dúirt fear Lios Póil leis an dtruán go raghadh sé féin abhaile. Dúirt an truán leis ná raghadh.

Is ea, ar bhreacadh an lae ar maidin d'éiríodar chun a chéile ar fad.

'Is é an diabhal é,' arsa fear Lios Póil, 'má choimeádann truán, duine ar do chumasa, mise gan dul abhaile.'

Thosnaíodar, agus bhíodar ó cheann an tí go dtí tóin an tí, lámh thíos is lámh thuas is iomrascáil chruaidh cealgánta acu, agus ní raibh fear Lios Póil ag déanamh an bheart ar an dtruán. Thugadh sé fé dhul amach tríd an bhfuinneoig, ach chaitheadh an truán isteach arís é. Ach ar deireadh, chuaigh an truán síos go dtí saghas seana*dhresser* a bhí ann, is chuir sé a lámh isteach in áras éigin a bhí ann. Agus pé rud a bhí san áras, chuimil sé desna fuinneoga é, agus nuair a chuimil sé an rud san des na fuinneoga, bhí an áit chomh dorcha le tóin an phóca. Ní fhéadadh sé aon rud in aon chor a dh'fheiscint.

Ach ambaiste, tríd an iomrascáil dóibh, nár chuaigh uillinn fhear Lios Póil isteach san áras, agus dhoirt sé an t-áras, agus chuimil sé a lámh i slí éigin − ní raibh fhios aige fhéin − don rud a bhí istigh san áras, agus chuimil sé siar dá shúil é mar bhí allas air. Is nár tháinig an radharc dó, is chaith sé an truán as an slí, ghaibh sé amach tríd an bhfuinneoig.

Agus bhí sé ag teacht abhaile ansan, ná bhí sochraid ina choinne, fear ó Lios Póil a bhí marbh. Stop sé, agus chuaigh sé síos i mbóithrín, agus lig sé an tsochraid thairis − is dócha go ndúirt sé paidir don gcorp. Agus, tháinig sé aníos ansan, agus ná raibh fear ag siúl, bhí sé i ndeireadh, deireadh na sochraide, ag siúl a bhí a bhformhór, ach bhí sé thiar ar deireadh, agus chuir sé ceist ar an bhfear, cé a bhí caillte inniu, agus dúirt sé leis gurb é sin. Agus cérbh é ná é féin!

Chuaigh sé abhaile ansan go dtí an dtigh, agus d'fhan sé tamall san iothlainn agus chuaigh sé isteach. Agus bhí beirt sheanabhan istigh, bhíodar i bhfeighil an tí go dtí go dtiocfadh bean an tí ón sochraid, agus beag nár thit an t-anam astu súd. Thit duine acu i bhfanntais. Dúirt sé gurb é féin a bhí ann, agus go raibh sé tagtha abhaile mar ná raibh curtha inniu ach seana-iarlais a bhí ina ionad − agus bhíodh saghas éigin cosúltachta, a deiridís, idir an iarlais agus an duine.

Agus nuair a tháinig a bhean abhaile, ambaiste, chuir sí fáilte is fiche roimis. Bhí sé ag déanamh go hiontach ar fad ansan, ach leathshúil leis, bhíodh sé i gcónaí ag feiscint na ndaoine maithe le leathshúil – is dócha ná chuaigh an rud i bhfeidhm i gceart air.

Ach bhí sé lá amháin ar aonach an Daingin agus ná bhuail sé le uncail dó a bhíodh ag imeacht in éineacht leis na daoine maithe is dealraitheach, agus chuir sé sin ceist air conas a bhí sé, agus dúirt sé go raibh sé go hiontach, ach go raibh sé cráite ag a shúil á bhfeiscint siúd ó am go ham ag dul soir is siar, síos suas. Bhuail an t-uncail le buille sa tsúil é, is thit an tsúil amach ar an dtalamh.

Is ón lá san amach, cé go raibh sé ar leathshúil féin, bhí sé ag déanamh go hiontach.

15 Seoithín Seó

Ag baile a saolaítí na leanaí fadó, agus bheadh an bhean chabhartha ann, agus b'fhéidir go mbeadh máthair an chailín ann, agus b'fhéidir go mbeadh cúpla seanabhean eile, mar bhíodar go hiontach an uair sin chun teacht i gcabhair ar a chéile.

Agus bhíodh scanradh ceart ar na seanamhná go bhfuadófaí an mháthair, ní hé an leanbh in aon chor ach an mháthair, bhíodh eagla orthu, mar deiridís go raibh a lán scéalta cloiste acu ar… Istigh sa liosanna go mbíodh leanaí ag scréachaigh is iad ag lorg máthar, agus dá bharr san chaithfí naoi lá agus naoi oíche a thabhairt suas, duine agus iad ag déanamh uainíocht ar a chéile fanacht suas leis an máthair.

Agus deirtear go raibh bean amháin lá amháin, bhí sí amuigh ag níochán cois na habhann, agus pé súilfhéachaint a thug sí, ná feaca sí uaithi suas ar an bport bean agus leanbh ina baclainn aici. Agus tar éis tamaillín labhair an bhean agus dúirt sí:

'A bhean úd thall ar lic an átha,
seoithín seó, seoithín seó!

Abair lem dhianghrá teacht amáireach,
seoithín seó, seoithín seó!

Scian coise duibhe 'thabhairt ina ghlaic leis,
seoithín seó, seoithín seó!

Gabháilt trí n-uaire timpeall an leasa,
seoithín seó, seoithín seó!

Glaoch go hard ar Mháire Ní Bheáchain,
seoithín seó, seoithín seó!

Nó beidh mo théarmasa dúbailte an lá san,
seoithín seó, seoithín seó!

Siúd é thuas,' a dúirt sí, 'mo thigh mór gealsa,
seoithín seó, seoithín seó!

Is mó cailín cúlbhuí cas ann,
seoithín seó, seoithín seó!

Tá seanabhean chríonna chloíte lag ann,
seoithín seó, seoithín seó!

Is mó bean óg ag beathú mac ann,
seoithín seó, seoithín seó!

Ansúd a bhímse i bhfeighil na leanbh,
seoithín seó, seoithín seó!

Ach ba mhór go mb'fhearr liomsa bheith sa mbaile,
seoithín seó, seoithín seó!'

Chuaigh an bhean go dtína fear céile, ach is dealraithach go raibh an fear céile pósta nuair a fuair sé an tuairisc. Agus chuaigh sé go dtí an sagart paróiste, agus ní bheadh an sagart sásta. Dúirt sé an scéal a dh'fhágaint mar a bhí sé.

Agus fágadh an bhean bhocht sa lios.

AN GHAELAINN AGUS AN BÉARLA

16 Dán Thomáis Chriomhthain

Nuair a bhí Tomás Criomhthain ag maireachtaint istigh ar an Oileán, bhíodh sé i gcónaí ag múineadh agus ag cabhradh le daoine chun an Ghaelainn a dh'fhoghlaim. Agus bhíodh sé ana-shásta nuair a thagaidís thar n-ais agus Gaelainn deas líofa acu agus ardmheas acu uirthi. Ach thagadh a thuilleadh acu, agus ghoilleadh sé go mór air ná bíodh meas ná tor acu ar an nGaelainn tar éis an méid d'achar aimsire a bhí caite aige a d'iarraidh í a mhúineadh dhóibh, agus ná chum sé féin an dán so:

'Is fada mé im stad is im staonadh
gan labhairt óm bhéal ar aon ní,
táim marbh ag lucht labhartha Béarla
dá spreagadh ar nós éanlaithe ar an gcraoibh.

Is eagla dhóibh fearg an Aonmhic
ag tabhairt masla dár nGaelainn mar bhíd,
agus feasta is mórmhagadh dóibh féin é
i dtaisteal na hÉireann gan í.

Nach meata, nach marbh, nach tréithlag,
an aicme bheag bhréan so d'áirím
ina seasamh ar mhachairí Éireann,
is gan dada acu ach Béarla de shíor.

Ní labhraim feasta ar dhaoine aosta,
mar is deacair í a chur i gcéill dóibh arís,
cé go bhfuilim trí fichid mé féinig
á labhairt, á léamh agus á scríobh.

Gan dearmad is maith an teanga é an Béarla
don té a théann óna thír féin chun fáin,
teanga bhlasta leathan agus léannta,
agus is maith dhóibh i gcéin é le húsáid.

Ach an stagún atá lonnaithe in Éirinn,
is go bhfuil aige réidh-Ghaelainn mar chách,
ach ná tagann aon fhocal as a bhéal de
beidh síormhallacht na naomh air de ghnáth.

Is a chuallacht bhreá uasal na Gaelainne,
a mhúscail dúinn féin í in athuair,
is ionadh muna mbeidh cumhachta Mhic Dé libh
agus slí ins na Flaithis féin daoibh aon uair.

Mar 'sé Dia do cheap í é féin
agus ní maith leis í a éagadh go luath,
ní maith leis fear labhartha an Bhéarla
a bhíonn ag caitheamh na Gaelainne uaidh.

Ós duine bocht ainnis mé féinig,
ar an oileáinín aonarach so im shuí
ag comhrac go daingean gan staonadh
le daoine gan Ghaelainn mar chím.

Táim mar seo le fada de bhlianta,
ní tobac im bhéal é ná im phíp,
agus tá brúdairí ag gluaiseacht trí Éire
go bhfuil dualgas mór tréan dóibh de shíor.

Ní haon ní a dúrtsa atá ar mo chumas a dhéanamh,
a chuallacht na Gaelainne is táim fíor,
ach dúbailt do dhúthrannaibh Gaelach
a thabharfadh cúnamh dár nGaelainn chun cinn.

Breacmhúscailt a thabhairt ar lucht Béarla,
tá go súgach leo féin gan í,
ag cur in iúl dóibh go raibh a ndúchas acu á thréigean
tá san úir le mórGhaelainn i gcill.'

17 'He says he ain't not hungry yet!'

Beirt dearthár iadsan, agus tháinig duine acu abhaile ó Mheirice, agus an fear a bhí ag baile ní raibh aon fhocal Béarla aige, ach bhíodh ana-stoc aige. Choimeádadh sé stoc iontach. Ach, nuair a théadh sé ar an margadh, bhíodh ceannaithe ag rith chuige. Ach ní raibh aon tuiscint aige ar an mBéarla.

Tháinig a dheartháir abhaile ó Mheirice agus bhí sé sin in éineacht leis lá ar an aonach agus dúirt an *jobb*éir leis, thug sé tairiscint éigin dó, ach níor thuig sé cad dúirt an deartháir eile, agus dh'fhiafraigh sé don bhfear a bhí tagtha ó Mheirice cad dúirt sé, agus dúirt an fear a bhí i Meirice: '*Well*, *he says he ain't not hungry yet*' – mar dhia ná díolfadh sé ar an méid sin iad, ná raibh sé ag dul a chodladh le ocras fós.

21 Lá 'le Gobnait

Nuair a bhíos-sa óg is é chloisinn mar gheall ar Naomh Gobnait ag na seanamhná ná gur cailín ana-bhanúil ab ea í, agus go raibh sí támáilte, náireach go leor. Agus tá gach aon dealramh air gur chaith sí tréimhse i nDún Chaoin, mar tá an scéal is a chomhartha lena chois. Tá an sáipéal baistithe dhi, tá Scoil Naomh Gobnait i nDún Chaoin baistithe dhi, agus tá an Chill féin ós ár gcomhair sall anois, agus tá an teampall nó an reilig baistithe dhi. Agus deirtear go mbíodh sí ina cónaí anso tamall agus go raibh sí go minic le feiscint i lúibín na coille, agus í ag cur scothóg ar a seáilín brait. Mar deirtear go mbíodh sí ag tabhairt turas go Baile Bhuirne agus thar n-ais anso, agus go séanadh sí an bóthar poiblí chomh maith agus ab fhéidir léi. Agus dá bharr san bhíodh seáilín brait, bhíodh na scothóga stollta stracaithe. Agus deireadh na seanamhná linne nuair a bheimis ag tabhairt an turas so ná raibh aon ní in aon chor ab fhearr léi ná scothóga seáil a chur mar bhronntanas insa tobar – gan dabht, ní raibh an t-airgead flúirseach, ba mhór an chuid dhá phingin an uair úd mar bhíodh dúil sa mísleáin againn – ach, cuirtí na scothóga mar bhronntanas chuici insa tobar.

Ach tá an Chill anois ar ár n-aghaidh, An Chill Mhór anso. Agus thugadh muintir an pharóiste, agus tugann fós an méid atá fágtha acu, tugann siad an turas i gcónaí, agus fiú amháin daoine ón bparóiste a bhíonn pósta lasmuigh, tagann siad go Dún Chaoin Lá 'le Gobnait.

Turas mór is ea é. Raghaidh tú siar ar dtús, agus tá An Chill Mhór os do chomhair. Raghaidh tú ar do ghlúine taobh amuigh, agus féachfaidh tú isteach ar an gcros – cros cloiche atá ann – raghaidh tú ar do ghlúine agus déarfaidh tú:

Chugatsa a thánasa, a Ghobnait Naofa,
fé mar a bheannaíonn Muire dhuit,
sea bheannaím féin duit,
chugatsa a thána ag gearán mo scéil leat,
agus ag iarraidh mo shláinte ar son Dé ort.

Ansan éiríonn tú agus deineann tú naoi dtimpill timpeall ar an gCill Mhór fé mar déarfaimid, agus nuair a bheidh na naoi dtimpill sin déanta agat raghaidh tú isteach mar a bhfuil an chros agus tabharfaidh tú seacht timpill timpeall ar an gcros. Ansan, raghaidh tú ar do ghlúine agus déarfaidh tú paidreacha leat féin, nó má tá éinne id theannta déarfaidh tú páirteach iad; agus ansan pógfaidh tú an chros cloiche seo.

Ansan, raghaidh tú síos mar a bhfuil an tobar agus tabharfaidh tú seacht turais timpeall ar an dtobar, agus nuair a bheidh san déanta agat ólfaidh tú trí deocha dhon uisce led bhasa, agus b'fhéidir go gcaithfeá braon den uisce ar d'aghaidh. Tabharfaidh tú cúig turais timpeall ar an gcarn mór agus tabharfaidh tú ceithre turais timpeall ar an gcarn eile. Agus ansan déarfaidh tú paidreacha eile, dá mbeadh ceathrar nó cúigear ann déarfaí an Choróin Mhuire i bhfochair a chéile. Agus ansan caithfidh tú ceithre cinn de chlocha ar an gcarn beag agus caithfidh tú cúig cinn de chlocha ar an gcarn mór, agus beidh do thuras tabhartha agat.

22 Tubaist Lá 'le Gobnait

Bhí scéal ar thubaist mór a tharlaigh i nDún Chaoin fadó mar gheall ar an dturas. Bhíodh ól, is dealraitheach, ins gach aon tigh ar an gCeathrúin, fé mar déarfaimid, sa bhaile is giorra don gCill an uair sin. Bhíodh ana-chuid ólacháin, agus fé mar tá a fhios agat féin, leanann sult agus greann ábhar dí, ach leanann diabhail, deamhain is achrann é nuair a téitear thar cailc.

Ach an lá so, thosnaigh achrann mór i nDún Chaoin, thosnaigh bruíon idir bheirt, agus bhí cabhair ag duine acu – ní raibh ag an bhfear eile – agus is é a dhein sé ar deireadh, léim sé in airde ar bhord a bhí ann agus dhein sé an bheart ar an slua lena bhróga is lena chosa. Agus, ansan, cad a dhein bean chiotach a bhí ann, ná d'éalaigh sí as an slua, agus chuaigh sí amach an doras agus thug sí fén bhfear a bhí ar an mbord le urchar méaróige de chaorán cruaidh, bhuail sí i gclár an éadain é, is ná thit sé fuar marbh, is níor tháinig scriothal den anam riamh ó shin ann.

Sin é nuair a thosnaigh an liútar léatar, agus chualaigh an sagart an scéal, agus an Domhnach dár gcionn tháinig sé go Dún Chaoin ag léamh an Aifrinn, agus deirtear, is deireadh an seanadhream, gur dhóigh leat go mbrisfeadh sé an altóir féna chosa. Ach nuair a dh'iompaigh sé amach chun labhairt leis an bpobal dhein stalcadh dhó, n'fhéadfadh sé labhairt leis an olc. Ach nuair a labhair sé, labhair sé ó thalamh. Dúirt sé ná beadh turas níos mó i nDún Chaoin. Dúirt sé go dtógfadh sé an chros cloiche a bhí ar an gCill, agus go dtabharfadh sé thuaidh é go Cill Maolchéadair – mar is ansan a bhíodh an sagart ina chónaí an uair sin, ní i mBaile an Fheirtéaraigh – agus gur ansan a bheadh an turas. Agus is dealraitheach gur dhein sé amhlaidh.

Nuair a bhí sé ar a shlí abhaile, bhuail sé an chros isteach ina chóiste agus thug sé leis é go gCill Maoilchéadair í, agus chuir sé fé ghlas i seomra í, agus chuir sé an eochair ina phóca. Agus cúpla lá ina dhiaidh san fuair sé glaoch ola go Com Dhíneol. Is nuair a bhí sé ag teacht go Com Dhíneol ná raibh triúr fear ó Dhún Chaoin roimis, agus dóbair nár tharraingíodar anuas den gcapall é. Bhíodar ag dul ró-dhian air. Agus bhí sé ráite riamh ag na seanamhná go gcaithfeá tú féin a smachtú, pé olc a bheadh ort, nár cheart duit barra méire a bhualadh ar shagart. Ach go háirithe, bhain sé dhó a hata agus thug sé a mhallacht don dtriúr – 'Lomadh an Luain ort!' a dúirt sé le duine acu, 'Breith i bpoll cúng ort!' a dúirt sé leis an dara fear, agus 'Bás gan teasargan ort!' a dúirt sé leis an triú fear. Agus thit an mhallacht orthu.

Ach, bhí san go maith, ach tháinig sagart stróinséartha ar cuairt chuige thuaidh ar an gCill, agus dúirt sé leis an sagart go dtaispeánfadh sé an chros dó, is bhí sé ag insint dó cad a thit amach i bparóiste beag Dhún Chaoin, is ná beadh aon aifreann níos mó ann. Thug sé amach an sagart, is nuair a dh'oscail sé doras an tseomra, bhí an chloch imithe… an chros imithe. N'fheadair sé cad a dhéanfadh sé. Bhí sé ag smaoineamh is ag cuimhneamh, agus n'fheadair sé conas tógadh é, agus an eochair ina phóca agus an glas ar an ndoras.

'B'fhéidir,' ar seisean, 'gurb amhlaidh a bhí láimh Dé san obair seo.'

Léim sé in airde ar chapall iallaite, agus chuaigh an sagart eile ar a chúlóig agus thánadar ar an gCill anso, agus ná raibh an chros chomh faghartha, chomh cruaidh is a bhí sí riamh ar an gCill.

Ach fós, ní raibh aon aifreann ann. Ach, do tháinig sagart stróinséartha ina dhiaidh, agus bhí múinteoir scoile i nDún Chaoin an uair sin – bhí sé ag insint an scéal dó. Agus nár scríobh an sagart go dtí an easpag, agus thug an t-easpag cead an t-aifreann a bheith i nDún Chaoin. Agus bhí trí aifrinntí ann, is dealraitheach, Domhnach amháin nó Lá 'le Gobnait amháin, agus riamh ó shin tá an t-aifreann i nDún Chaoin.

23 'Is mairg ná glacann ciall...'

Bhí deirfiúr de Phiaras pósta anso sa Ghleann Mhór i nDún Chaoin agus fós ó shin glaotar Páirc Shéartha ar an áit go rabhadar ina gcónaí. Is coimín anois é ag an mbaile – Páirc Shéartha.

Bhí Piaras ag teacht ar chuireadh dinnéir go dtína dheirfiúr, agus is dealraitheach gur theastaigh ón deirfiúr béile ceart a thabhairt dó, agus go mbeadh fia mar fheoil agus fíon dhon dí.

Is mar sin a bhí, ach cuireadh teachtaire ag triall ar fhíon, is tháinig an teachtaire gan an fíon, is cuireadh teachtaire ag triall ar fhia, is tháinig an teachtaire sin gan an fia. Agus ansan dúradar ná haithneodh Piaras ná éinne eile go marófaí an chaora dhubh, agus dheineadar amhlaidh.

Ach nuair a bhíodar suite chun an béile, labhair Piaras agus dúirt:

> Is mairg ná glacann ciall,
> agus ná cuireann srian lena ghuth,
> mar nuair ná bíonn dul ar fhíon ná ar fhia
> is maith an bia an chaora dhubh.

Ó, bhí a lán scéalta ar Phiaras.

24 Piaras agus an Dall sa Chúinne

Bhí cailín éigin aige sa Ghaillimh is bhíodh sé ag dul go dtí'n gcailín seo, agus tigh na gcomharsan, an áit a chónaigh an cailín, bhí an seanduine seo. Bhí sé dall, agus bhí sé suite sa chúinne. Is dealraitheach gur chuaigh Piaras isteach ann ar a shlí go dtí tigh an chailín go raibh sé titithe i ngrá léi, agus labhair an seanduine sa chúinne agus dúirt sé:

> 'Inis do Phiaras an Dúna
> ós é is údar lé gach dán,
> go ndúirt an dall a bhí sa chúinne
> gur thit crú ón láir bhán.'

– A chuir in iúl dó go raibh tionóisc roimis sin ag an gcailín, go raibh leanbh aici le duine éigin eile.

25 Scairt Phiarais

Uair amháin go raibh na Sasanaigh ar thóir Phiarais, agus d'éalaigh sé agus bhí sé istigh 'An Oileán Tiar, agus glaotar Scairt Phiarais riamh ó shin ar an áit gur chuaigh sé i bhfolach ós na Sasanaigh. Agus chum sé an véarsa so, agus dúirt sé:

A Dhia atá thuas, an trua leat mise mar táim,
im chaonaí uaigneach is nach mór go bhfeicim an lá,
an braon atá thuas in uachtar leice go hard
ag sileadh im chluais agus fuaim na toinne lem sháil.

26 Aogán Ó Rathaille agus an Ceannaí Glic

Bhí dhá mhuc ag Aogán Ó Rathaille fadó, agus nuair a bhíodar beathaithe cothaithe aige thóg sé chun an aonaigh iad. Bhí sé i gcúinne na páirce á ndíol. Muc bhán ab ea ceann acu, agus muc dhubh ab ea an ceann eile. Is gearr gur ghaibh ceannaí glic chuige, agus d'fhiafraigh sé dhó:

'Cad tá uait ar an muc bhán san le cois na muice duibhe?' ar seisean.

'Trí púint, mhuise,' arsa Aogán.

'Bíodh ina mhargadh,' a dúirt sé, 'is tá fínnéithe anso agam.'

Thóg sé amach a scian agus chuir sé marc i gcluais na muice báine agus bheir sé ar an muc dhubh chun go gcuirfeadh sé marc eile inti.

'Ó, stop anois,' arsa Aogán, 'níor cheannaís ach an mhuc bhán.'

'Ó, do dheineas go deimhin,' a dúirt sé, 'agus tá finnéithe anso agam. Chuireas ceist ort cad a bhí uait ar an muc bhán san le cois na muice duibhe.'

Is ea, labhair fear a bhí sa chomhluadar le Aogán agus dúirt sé leis:

'Caith chuige iad, ná ní féidir aon chothrom a bhaint dó san.'

Mheas sé gur leathamadán a bhí in Aogán.

'Tóg leat iad!' arsa Aogán leis.

Thóg sé leis iad ar na trí púint, agus bhí Aogán, an fear bocht, ochlánach go leor, ach bheartaigh sé istigh ina aigne go dtiocfadh sé suas leis dá mbeadh is gur i gcluas muice é, a dúirt sé.

I gceann tamaill mhór ina dhiaidh sin bhí dhá mhuc eile aige, agus thóg sé chun an aonaigh iad, agus bhí sé ina sheasamh ann, agus 'dhóigh leat gur ball don tsaol é, gur saghas simpleoir bocht é, gan é ag ligeant aon ní air. Ghaibh an ceannaí céanna an treo agus d'aithin se go maith é, ach lig sé air nár aithin, agus:

'Cad tá uait ar na muca?' ar seisean le Aogán.

'Is é thá uaimse ar na muca san,' arsa Aogán go simplí, 'ná aon ghráinne amháin coirce agus ligeant dom fhéin a bheith á dhúbailt ar feadh leathuair an chloig.'

'Geobhair is fáilte,' arsa an ceannaí, agus is é a bhí go sásta.

Is ea, thosnaigh Aogán, 'féach ar an gclog anois!' ar seisean.

Bhí clog i gcúinne na páirce, ar crochadh, is dealraitheach. D'fhéach an ceannaí uaidh ar an gclog, is thosnaigh Aogán:

'Gráinne,
dhá ghráinne,
cheithre ghráinne,
hocht ghráinne,
sé ghráinne dhéag,
dhá ghráinne dhéag ar fhichid,
– sin lias.

Lias,
dhá lias,
cheithre léiseanna,
hocht léiseanna,
sé léiseanna déag,
dhá léas déag ar fhichid,
– sin dornán.

Dornán,
dhá dhornán,
cheithre ndornán,
hocht ndornán,
sé ndornán déag,
dhá ndornán déag ar fhichid,
– sin punann.

Punann,
dhá phunann,
cheithre punanna,
hocht punanna,
sé bpunanna déag,
dhá phunann déag ar fhichid,
– sin beart.'

'Gabhaim párdún agat,' arsa an ceannaí, 'níl i mbeart ach fiche punann.'

'Ná cíonn tú, a fhir mhaith,' arsa Aogán, 'gur orm fhéin atáim ag déanamh na héagóra.'

'Is ea, lean ort!' arsa an ceannaí.

'Beart,
dhá bheart,
cheithre mbirt,
hocht mbirt,
sé mbirt déag,
dhá bheart déag ar fhichid,
– sin stáca.

Stáca,
dhá stáca,
cheithre stáca,
hocht stáca,
sé stáca dhéag,
dhá stáca dhéag ar fhichid,
– sin iothlainn.

Iothlainn,
dhá iothlainn,
cheithre n-iothlann,
hocht n-iothlann,
sé n-iothlann déag,
dhá n-iothlainn déag ar fhichid,
– sin paróiste.

Paróiste,
dhá pharóiste,
cheithre pharóiste,
hocht pharóiste,
sé pharóiste dhéag,
dhá pharóiste dhéag ar fhichid,
– sin barúntacht.

Barúntacht,
dhá bharúntacht,
cheithre mbarúntacht,
hocht mbarúntacht,
– sin contae.

Contae,
dhá chontae,
cheithre chontae,
hocht chontae,
sé chontae dhéag,
dhá chontae dhéag ar fhichid,
– sin tír na hÉireann.'

'Ó, stop!' arsa an ceannaí.' 'Conas a thabharfainnse, i gcuntais Dé, coirce thír na hÉireann duit?'

'Bhuel, sin é toil do mhargaidh,' arsa Aogán, 'ach, chun gan a bheith dian ort, tabhair dom fiche punt agus réiteoimid le chéile. Ach go deo aríst,' a dúirt sé, 'ná tabhair fé amadán a dhéanamh d'éinne, mar an té a bhíonn ag magadh, bíonn a leath fé féin.'

Sin é mar bhí, fuair Aogán an t-airgead.

SEANSCÉAL IONTAIS
AGUS
SEANSCÉAL RÓMÁNSÚIL

31 Triúr Iníon na Baintrí

Scéal le Máire an Tobair. Baintreach bhocht a bhí fadó ann, deireadh sí, agus bhí triúr iníon aici. Fuair sí ciapadh agus clogadh phian, an bhean bhocht, ag iarraidh iad a thógaint, agus nuair a bíodar tógtha is amhlaidh a bhíodar ag fanacht sa nead agus gan aon chuimhneamh ag éinne acu ar bhogadh amach. Bhíodh sí ag gabháilt stealladh dhóibh gach aon lá dul amach agus dul ag obair dóibh féin agus socrú síos agus pósadh. Ar deireadh thiar, ghéill an bhean chríonna dhi.

'Raghadsa ag lorg oibre amáireach, a Mham,' ar sise.

'Tá go maith,' arsa an mháthair.

Dhein an mháthair dhá bhollóg aráin, bollóg bheag agus bollóg mhór, agus nuair a bhí sí ag imeacht ar maidin, ar sise leis an iníon:

'Cé acu is fearr leat anois an bhollóg mhór agus mo mhallacht, ná an bhollóg bheag agus mo bheannacht?'

'Ambaiste,' arsa an iníon, 'b'fhearr liom an bhollóg mhór agus do mhallacht, dein do dhícheall is bí ag mallachtú leat, beadsa beag beann ort, ach beidh greim le n-ithe agam.'

Thóg sí an bhollóg mhór agus d'imigh sí 'on bhóthar. Agus in ard an tráthnóna chonaic sí tobairín fíoruisce, agus dúirt sí léi féin go mbeadh deoch aici leis an arán. Shuigh sí síos le hais an tobair agus bhí sí ag ithe léi nuair a tháinig an sprideoigín os a cionn in airde.

'Brúscar nó bráscar a bhéarfainn go dtím ghearrcaigh atá i bpoll an chlaí le ráithe agus iad caillte ón ocras,' arsa an sprideoigín.

'Cuir díot,' ar sise, 'is maith an muirear mise fhéin ar an ngreim atá agam.'

'Ó, mhuise, ní bheidh an t-ádh go deo ort,' arsa an sprideoigín.

Léim sí isteach insa tobar, tharraig sí a heireaball sall is anall, agus dhein sí uachtar fola agus íochtar meala dhon dtobar agus ní fhéadfadh sí dul ina ghoire.

Is ea, d'éirigh sí ansan agus d'imigh sí léi, agus bhí sí ag cur an bhóthair di nuair a bhuail bean uasal léi. Bheannaíodar féin dá chéile.

'Táimse,' ar sise, 'ag lorg oibre, ní bheadh a fhios agat éinne a bheadh ag lorg cailín aimsire?'

'Is maith mar a tharla,' ar sise, 'táim fhéin ag lorg cailín aimsire.'

'Ó, tá san go hiontach,' ar sise.

D'imigh sí in éineacht léi, agus chuir sí cóir bídh is dí uirthi tar éis dul abhaile agus thug sí leaba chun codlata dhi.

'Anois,' ar sise, 'ní chuirfeadsa de chúram ort ach an tigh a dh'aire. Tabharfaidh mé cathaoir duit chun suí air agus féadfair suí agus seasamh, beidh saoirse an tí agat, ach ná féach in airde insa tsimné!'

Is mar sin a bhí. Bhí sí trí nó ceathair de laethanta ann is bhí an fiosracht á dalladh is dúirt sí léi féin:

'Cad ina thaobh ná féachfainn in airde insa tsimné?'

D'fhéach sí in airde insa tsimné agus nár thit allait breá airgid anuas chuici. Bhuail sí chuici é agus chuir sí dhi, agus nuair a bhí sí ag gabháil thairis sioból dúirt an capall:

'Caith soipín chugam, táim caillte dhon ocras.'

'Má tá, cogain do chír anois,' ar sise.

Labhair an bhó:

'Caith soipín chugamsa,' arsa an bhó, 'táim caillte dhon ocras.'

'Cogainse, leis, do chír anois,' ar sise, 'má tá sí agat, níl aon am agamsa dhaoibh.'

Bhí sí ag gabháilt ansan thairis an muileann, agus dúirt an muileann léi uisce, nó rud éigin a chaitheamh, a choimeádfadh an mhuileann ag imeacht.

'Níl aon am agam,' ar sise.

Chuir sí dhi, agus ba ghearr a bhí sí nuair a tháinig cith – raiste ceatha – uirthi, agus chaith sí dul i bhfoithin. Is ea, tháinig bean an tí abhaile agus an doras béal in airde agus chuaigh sí isteach. Rith sí amach agus labhair sí leis an gcapall:

> 'Horse of mine,
> horse of thine,
> did you see the girl of mine
> with the wig,
> with the wag,
> with the long leather bag?
> She stole all the gold I had gathered,' ar sise.

'Brostaigh ort,' arsa an capall, 'tiocfaidh tú suas léi.'

D'imigh sí agus chuaigh sí go dtí an mbó agus dúirt sí:

> 'Cow of mine,
> cow of thine,
> did you see the girl of mine
> with the wig,
> with the wag
> with the long leather bag?
> She stole all the gold I had gathered.'

'Brostaigh ort,' arsa an bhó, 'agus tiocfaidh tú suas léi.'

D'imigh sí agus bhí sí ag dul thairis an muileann, nuair a dúirt an muileann:

'Mill of mine,
mill of thine
did you see the girl of mine
with the wig,
with the wag,
with the long leather bag?
She stole all the gold I had gathered.'

'Tá sí ansan thíos sa bhfoithin,' ar sise, 'tabhair anso aníos í agus meilfeam í.

Chuaigh sí síos, rug sí ar an gcailín bocht agus chaith sí isteach sa mhuileann í agus meileadh í.

Is ea, ní raibh aon tuairisc ag teacht uaithi ag baile ansan agus dúirt an dara cailín go n-imeodh sí féin ag lorg a driféar. D'fhiafraigh an mháthair di aríst cé acu ab fhearr léi an bhollóg mhór agus a mallacht ná an bhollóg bheag agus a beannacht.

'Dhera, ní fada le dul ormsa do bheannacht,' ar sise, 'ambaiste, b'fhearr liom an bhollóg mhór is bí ag mallachtú leat.'

D'imigh sí maidean lá arna mháireach, chuaigh an mháthair amach ar an gclaí agus thosnaigh sí ag mallachtú is ag mallachtú uirthi, go dtí gur dh'imigh sí as a radharc. Is ea, nuair a tháinig sí, is dócha, go dtí an tobar céanna, chonaic sí an tobar uisce agus dúirt sí léithi féin go n-íosfadh sí greim agus go mbeadh deoch uisce aici. Shuigh sí síos agus bhí sí ag ithe léi nuair a tháinig an sprideoigín.

'Brúscar nó bráscar a bhéarfainn go dtím ghearrcaigh atá i bpoll an chlaí le ráithe agus iad caillte dhon ocras,' arsa an sprideoigín.

'Bí ag priocadh leat,' ar sise, 'agus faigh brúscar nó bráscar in áit éigin eile dhóibh, is maith an muirear mise féin ar an méid atá agam.'

'Ó, mhuise, ní bheidh an t-ádh leat,' arsa an sprideoigín, ag léim isteach sa tobar agus dhein sí uachtar fola aríst agus íochtar meala dhon dtobar agus ní fhéadfadh sí dul ina ghoire.

Is ea, tharlaigh an galar céanna dhi ansan agus a tharlaigh

don drifiúr, bhuail an bhean léi – is dócha gurbh í an bhean chéanna í – agus thug sí léi í, agus dúirt sí ná cuirfeadh sí de chúram uirthi ach suí ar a cathaoir agus a tigh a dh'aoireacht agus gan aon duine a ligeant isteach.

'Beidh saoirse an tí agat,' ar sise, 'ach ná féach in airde insa tsimné!'

Is mar sin a bhí. Bhí trí nó ceathair de laethanta caite aici ann is togha gach bídh is rogha gach dí aici is leaba bhreá chodlata aici.

Ach bhuaigh an fiosracht aríst uirthi, d'fhéach sí in airde sa tsimné agus thit cnocán mór airgid anuas chuici. Chuir sí dhi an doras amach, tharraig sí an doras ina diaidh, agus nuair a bhí sí ag gabháil thar stábla an chapaill, labhair an capall agus dúirt:

'Caith soipín chugamsa,' ar seisean, 'táim caillte dhon ocras.'

'Níl aon am agam,' ar sise.

Labhair an bhó:

'Caith soipín chugamsa,' arsa an bhó, 'táim caillte ar fad leis an ocras.'

'Níl aon am agamsa dhaoibh,' ar sise.

Ghaibh sí thairis an muileann.

'Caith isteach gráinne chugam le meilt,' arsa an muileann.

'Dhera, níl aon am agamsa dhuit fhéin ná do chuid meilte,' ar sise, agus d'imigh sí léi.

Ní fada ó bhaile a bhí sí nuair a tháinig raiste ceatha uirthi, agus chaith sí dul sa bhfoithin, agus an fhaid a bhí sí ann is dealraitheach gur tháinig bean an tí abhaile, agus d'fhéach sí in airde, agus bhí an t-airgead imithe. Chuir sí dhi, agus labhair sí leis an gcapall agus dúirt aríst:

> Horse of mine,
> horse of thine
> did you see the girl of mine
> with the wig,
> with the wag
> with the long leather bag?
> She stole all the gold I had gathered!'

Agus dúirt an capall léithi: 'Brostaigh!'

Chuaigh sí go dtí an mbó agus dúirt sí leis an mbó:

'Cow of mine,
cow of thine
did you see the girl of mine
with the wig,
with the wag
with the long leather bag?
She stole all the gold I had gathered!'

'Géaraigh,' arsa an bhó.

Chuaigh sí go dtí an muileann.

'Mill of mine,
mill of thine,' ar sise,
'did you see the girl of mine
with the wig,
with the wag
with the long leather bag?
She stole all the gold I had gathered!'

'Tá sí ansan thíos sa bhfoithin agus tabhair leat anso aníos í agus is caith isteach chugamsa í agus meilfeam í,' arsa an muileann.

Dhein sí amhlaidh is caitheadh an cailín bocht isteach.

Is ea, chun scéal gearra a dhéanamh dó, bhí an mháthair agus an iníon eile ag baile agus iad ag feitheamh, féachaint an dtiocfadh aon fhocal.

'Imeodsa, a Mham, ar sise, 'agus beidh a fhios agamsa cad a tharlaigh dóibh.'

'Seo anois, a chroí,' arsa an Mháthair, 'cé acu is fearr leat an bhollóg mhór agus mo mhallacht ná an bhollóg bheag agus mo bheannacht?'

'Ó, mhuise, a Mham,' ar sise, 'b'fhearr liom an bhollóg bheag agus do bheannacht.'

Thóg sí an bhollóg bheag, agus chuaigh a máthair amach ar an gclaí agus thosnaigh sí ag beannachtú léithi go dtí gur dh'imigh sí as a radharc. D'imigh sí léi, agus in ardtráthnóna siar tháinig ocras uirthi agus tort, agus ná feaca sí an tobairín beag fíoruisce seo. Shuigh sí le hais an tobair, tharraig sí chuici an bhollóg aráin agus bhí sí ag ithe léi nuair a tháinig an sprideoigín.

'Brúscar nó bráscar a bhéarfainn go dtím ghearrcaigh atá i bpoll an chlaí le ráithe,' arsa an sprideoigín, 'agus iad caillte ón ocras.'

'Tar anso anuas,' ar sise, 'agus prioc do dhóthain agus beir leat go dtíd' ghearrcaigh bhochta é.'

Tháinig an sprideoigín anuas.

'Ó, mhuise, beidh an t-ádh go deo ort,' arsa an sprideoigín.

Léim sí isteach sa tobar agus dhein sí íochtar fola agus uachtar meala dho, agus bhí tarrac ar mhil aici le n-ól – uisce meala.

D'imigh sí léi ansan agus bhuail an mháistreás so léi agus cuma ana-ghalánta uirthi.

'Táim ag lorg oibre, a mháistreás,' ar sise.

'Bhuel, is maith mar tharla,' arsa an mháistreás, 'táimse ag lorg cailín.'

Thóg sí léi í agus thug sí abhaile í.

'Cogar, anois,' ar sise, 'tabharfaidh mé rith an tí ar fad duit, ach ná féach in airde insa tsimné! Ní chuirfidh mé aon obair ort ach suí ar do chathaoir nuair is mian leat is éirí nuair is mian leat.'

Is ea, dhein sí amhlaidh, agus bhí sí ag obair agus ag gnó timpeall an tí dhi, ach bhris ar an bhfiosracht aici sin, leis, agus d'fhéach sí in airde insa tsimné agus cad a thit anuas chuici ná cnapán mór óir. Chuir sí dhi agus tharraig sí an doras ina diaidh, agus bhí sí ag gabháil amach nuair a labhair an capall agus:

'Caith chugam soipín,' ar seisean.

'Mhuise, mo ghraidhin tú,' ar sise, 'is gránna an rud an t-ocras.'

Chaith sí soipín go dtí an gcapall.

'Caith sop chugamsa,' arsa an bhó.

'Mo ghraidhin tú,' ar sise, 'is gránna an rud an t-ocras.'

Chaith sí soipín go dtí an mbó.

Bhí sí ag gabháilt thairis an muileann.

'Caith chugamsa anois,' arsa an muileann, 'roinnt ábhairín uisce.'

Agus do chaith, agus ansan d'imigh sí léi agus níor tháinig aon chith uirthi, ná aon ní. Agus nár tháinig an mháistreás abhaile, agus labhair sí leis an gcapall. Agus is ea, ná thug an capall sonc di agus speach. Labhair sí leis an mbó, agus thosnaigh an bhó ag raideadh agus chaith sí teitheadh. Labhair sí leis an muileann, agus is é dhein an muileann ná í a tharrac isteach agus í a mheilt.

Agus fuair an cailín óg an t-airgead agus chinnibh sí an t-airgead agus an t-ór, chuaigh sí abhaile, cheannaigh sí feirm thalún, phós sí agus thug sí a máthair léithi agus mhaireadar go lántsásta i bhfochair a chéile as san amach.

32 Na Trí Chomhairle

Bhí lánú fadó ann agus bhíodar beo bocht. Bhí muirear ag titim orthu, agus bhí an saol ana-dhian, agus b'éigean don bhfear bocht ar deireadh cúl a thabhairt lena thigh, lena bhean agus lena leanaí, mar bhí an cruatan agus an dealús ag breith greama orthu.

Chuir sé fé agus thug sé fén mbóthar, agus is amhlaidh a bhíodh oíche anso aige agus eadra ansúd aige. Agus nuair a bhíodh an ghrian ag dul fé, bhíodh sé a d'iarraidh lóistín a dh'fháilt dó féin i gcomhair na hoíche. Bhí sé tráthnóna amháin ag imeacht roimis, agus é go dubhach brónach, mar bhí taithí aige ar chuileachta na leanbh ag baile.

Agus chonaic sé solas uaidh, ach dar leis, gur tigh ana-ghalánta a bhí ann agus n'fheadair sé an raghadh sé féna dhéin chun lóistín a lorg nó cad a dhéanfadh sé. Ach nuair a bhí an ghrian ag dul ar scáth na copóige is an chopóg ag teitheadh uaithi, chaith sé rud éigin a dhéanamh, thug sé fén dtigh seo, agus tigh feirmeora ab ea é, agus loirg sé lóistín na hoíche. Agus dúradh leis go bhfaigheadh, agus bhí sé féin agus an feirmeoir suite cois na tine is iad ag cur is ag cúiteamh.

'An bhfuil a fhios agat anois,' arsa an feirmeoir leis, 'más maith leat, coimeádfadsa tú mar bíonn seirbhíseach agamsa i gcónaí, má dh'fhanann tú in éineacht liom, ach caithfidh tú margadh a dhéanamh liom,' ar seisean, 'go bhfanfaidh tú trí bliana agam, má bhímid féin sásta lena chéile.'

'Is é athá uaim,' ar seisean.

Dheineadar an margadh ar ábhar éigin airgid, agus bhíodar ag cur an tsaoil dóibh lá bog is lá cruaidh ar chuma gach éinne. Agus nuair a bhí na trí bliana suas, tháinig an feirmeoir chuige:

'Is ea, anois,' ar seisean, 'táim fíorbhuíoch duit, agus caithfidh mé do thuarastal a thabhairt duit. An bhfuileann tú ag imeacht inniu?'

'Tá sé chomh maith agam,' ar seisean, 'bhíos chun imeacht ar aon chuma, agus tá sé chomh maith agam imeacht inniu, ós rud gur chuireas romham é.'

'An bhfuil fhios agat anois,' arsa an feirmeoir, 'an bhfanfá go dtí amáireach?'

'Ó, fanfad agus fáilte,' ar seisean, 'níl idir dhá lá ach aon oíche amháin, fanfad agus fáilte.'

D'fhan sé go dtí maidean lá arna mháireach agus tháinig an feirmeoir chuige.

'Anois,' ar seisean, 'an dtabharfaidh mé dhuit do phá, nó an mbeifeá sásta le trí chomhairle? Dá dtógfá trí chomhairle uaim, fút féin athá anois,' ar seisean, 'tá sé idir dhá cheann na meá agat cé acu is fearr leat do thuarastal ná trí chomhairle.'

Tháinig sórt eagla air agus bhí sé ag rá leis féin go mb'fhéidir gur amhlaidh a béarfaí greim cruaidh éigin air.

'Tógfaidh mé na trí chomhairle,' ar seisean.

Agus an fear bocht i ngalar na gcás an uair sin ag cuimhneamh ar a bheith ag filleadh abhaile gan aon leathphingin airgid.

'Tógfad, *by gor*,' ar seisean, 'tógfaidh mé na trí chomhairle,'

'Tá go maith,' arsa an feirmeoir, 'is é an chéad chomhairle a thabharfaidh mé dhuit anois ná: gaibh an bóthar díreach i gcónaí, ná tóg aon chóngar ná aon athghearr, ach gaibh an bóthar díreach i gcónaí.'

'Tá go maith,' ar seisean. 'Ó, Dia linn is Muire Mháthair,' ar seisean istigh ina chroí, 'nach ainnis mar chuireas mo bhliain, más sin í an chomhairle.'

'Is é an dara comhairle athá agam duit anois,' ar seisean, 'ná so: ná codail aon oíche in aon tigh go mbeidh bean óg pósta ag seanduine, ná fan ann pé rud a dhéanfair.'

'Tá go maith,' ar seisean.

'Ó, Dia go deo linn,' ar seisean arís, 'nach ainnis mar chuireas an dara bliain, más í sin an chomhairle.'

'Is ea, is é an triú comhairle athá agam duit anois,' ar seisean, 'ná so: ná dein aon ní inniu go mbeadh aithreachas ort amáireach.'

'Tá go maith,' arsa an fear bocht.

'Is ea anois,' ar seisean, 'is é an fáth gur choimeádas tú aréir, tá dhá bhollóg aráin déanta ag bean an tí dhuit, tá bollóg mhór déanta aici, agus ná teagmháil léithi sin in aon chor go mbainfir an tigh amach, ach tá bollóigín bheag déanta aici ansan ar eagla go mbéarfadh ocras ort, agus is féidir leat í sin a dh'ithe más maith leat.'

Ghaibh sé baochas leis, agus is dócha gur thuig an feirmeoir go maith go raibh a chroí briste tar éis na trí bliana. D'fhág sé slán acu, agus d'fhágadarsan slán agus beannacht aige.

Bhí sé ag cur an bhóthair dó abhaile. Agus nár tháinig sé suas le peidléir go raibh mála ar a dhrom, agus é ag díol, gréithre beaga éigin á dhíol aige. Bhíodar ag siúl leo is iad fhéin ag déanamh cuileachta dá chéile.

'Tá pinginí déanta agatsa ó mhaidean, is dócha,' ar seisean leis an bpeidléir.

'Bheadh iontas ort,' arsa an peidléir, 'tá pinginí maithe déanta agam.'

'Agus gan caite agat ach aon lá amháin,' ar seisean. 'Ó, Dia linn is Muire, an t-ainniseoir athá amuigh le trí mbliain,' ar seisean, 'agus nach bhfuil pingin aige ag filleadh abhaile.'

Ní dúirt an peidléir a thuilleadh mar bhíodar tagtha go dtí lúib coille.

'Gheobhaimid an cóngar anso síos,' arsa an peidléir, 'táimid tugtha traochta ó bheith ag siúl.'

'Is dócha é,' arsa an fear bocht.

Sin é an uair a chuimhnigh sé ar an gcomhairle.

'Ó, ní gheobhadsa an cóngar in aon chor,' ar seisean, 'tá sé curtha romham agamsa gabháil an bóthar díreach i gcónaí.'

'Dhera, mo thrua thú, a amadáin,' ar seisean, 'gaibh an

cóngar duit féin agus tóg sos!'

Níor dhein. D'imigh an peidléir an cóngar, agus d'imigh sé féin an bóthar díreach. Agus nuair a tháinig sé go dtí crosbhóthar, fé mar a bheadh sé ar a shlí go Trá Lí, d'fhéach sé isteach sa choill, agus nach ann a bhí an peidléir bocht agus é crochta le crann agus é robáltha ag robálaithe.

'Féach anois,' ar seisean, 'níor cheart dom a bheith ag gearán, mara mbeadh an chomhairle sin, bheinn imithe in éineacht leis, is bheadh an t-airgead bainte dhom chomh maith.'

Bhí sé ag cur an bhóthair dó aríst, agus nuair a bhí drúcht agus déanaí na hoíche ag teacht, dúirt sé dá bhfaigheadh sé a bheith fé fhrathacha tí ó aon duine i gcomhair na hoíche. Chonaic sé an tigh mór breá so agus dhein sé féna dhéin.

'I gcuntais Dé,' ar seisean, 'is dócha ná fágfar ainniseoir mar mise anso istigh in aon chor.'

Chnag sé ar an ndoras, agus labhair seanduine críonna a bhí suite sa chúinne leis.

'N'fheadar,' ar seisean, 'an bhfaighinn lóistín go maidean insa tigh seo.'

'Gheobhair agus fáilte,' arsa an seanduine agus é go cannránach cráite ann fhéin, 'suigh aníos, a bhuachaill,' ar seisean.

Shuigh sé suas in aice leis ar chathaoir, agus pé súilfhéachaint a thug sé, ná chonaic sé an spéirbhean bhreá dathúil thíos insa tseomra agus í fé mar a bheadh sprid ar aghaidh scátháin amach, agus í ag priocaireacht uirthi fhéin agus a cuntanós á shocrú aici, fé mar ab áil léi féin. Ní lig sé aon ní air. Tar éis tamaill labhair an seanduine go hathúlta agus dúirt léithi:

'Tar anso aníos,' ar seisean, 'agus cuir greim bídh roimis an dtaistealaí seo ar bhord.'

Tháinig sí aníos go searbhasach agus chuir sí bia ar an mbord, ach ní labhair sí focal le héinne acu. D'imigh sí síos 'on tseomra nuair a bhí an bia curtha ar an mbord aici. Is ea, is dócha gur dhein an fear bocht sáithíocht ar an mbia mar bhí ocras air, agus ghaibh sé baochas leis an seanduine agus dúirt sé leis:

'Raghadsa thar doras go fóill,' ar seisean, 'má bhíonn an

doras oscailte, b'fhéidir go mbeinn thar n-ais.'

'Beidh an doras oscailte,' ar seisean, 'ní bheidh aon bholta air.'

D'imigh sé, agus chuaigh sé amach i gcoca féir a bhí san iothlainn, chuaigh sé isteach fén bhféar agus chuir sé an féar timpeall air fhéin, mar chuimhnigh sé ar an dara comhairle, gan aon oíche a chodladh in aon tigh go mbeadh bean óg pósta ag seanduine.

'Ambaiste,' ar seisean, 'bainfidh má triail as.'

Chuaigh se isteach agus ní raibh sé rófhada ann nuair a chuala sé an glisiam agus an gleo ag teacht, agus as an nglisiam go léir ní raibh ann ach beirt. Shocraíodar iad féin in aice leis an gcoca, agus do bhain an buachaill a bhí ann – buachaill is cailín – do bhain an buachaill dó an chasóg agus fé mar mhífhortúnaí ar domhan é, is é áit a bhuail sé an chasóg ná in aice leis an bhfear bocht, agus bhí sé ag caint leis an gcailín.

'Is ea,' ar seisean, 'thá a chúram dúinn, ach go háirithe, tá sé ar shlí na fírinne.'

'Tá,' ar sise, 'ach is dócha go mbeifear ár ndiaidh dá dhroim.'

'Is dócha é,' ar seisean, 'ach, an bhfuil a fhios agat,' ar sise, 'tá againn, ná féadfaimid an mhilleán a chur ar an dtaistealaí úd a bhí istigh romhainn, a loirg lóistín go maidean? Tá againn, ná féadfaimid a rá gurbh é siúd a mhairbh é, agus beidh againn. Ní bheidh a thuilleadh mar gheall air.'

Cad a dhein an fear bocht ná siosúirín a bhí ina phóca a tharrac chuige, agus bhain sé géire beag éadaigh amach as an gcasóg agus bhuail sé chuige go cúramach é. Agus tar éis tamaill bhailíodar leo, agus tháinig sé fhéin amach le gealadh an lae, agus bhí sé ag cur an bhóthair dó. Ní raibh puinn den mbóthar curtha dhó aige nuair a tháinig na póilíní suas leis. Tógadh é agus cuireadh i bpríosún é, agus bhí an fear bocht ansan istigh go duairc dólásach sa phríosún ag fanacht le lá na cúirte.

Tháinig lá na cúirte agus dhearbhaigh an bhean óg go raibh an fear san sa tigh, gur fhág sí fhéin amach an tigh, agus go raibh an seanduine ina shláinte is í ag gabháil amach, ach gurb é siúd a mhairbh é. Agus do dhearbhaigh an fear eile gurbh é, gur dh'fhág sé amach an tigh nuair a bhí an seanduine marbh aige, nár fhan sé go maidean in aon chor. Ach, glaodh ar an bhfear bocht ansan.

'Mhuise, is dócha,' ar seisean, 'ná gheobhadsa puinn toir, ach ní chuireas lámh ná ladhar sa duine bocht san,' ar seisean, 'mar chuir sé fáilte romham, agus d'órdaigh sé don mbean óg so bia a chur ar an mbord chugam, ach b'fhada mar phaiste uirthi,' ar seisean, 'a leithéid a dhéanamh, ach b'éigean di é a dhéanamh.'

Is ea. Dhearbhaigh sé ná raibh lámh ná ladhar aige ann, agus 'chun an méid seo a chruthú,' ar seisean, 'a bhreithimh onóraigh, féach, sin géire beag éadaigh,' ar seisean, 'a fuaireas-sa, mar leag sé siúd a chasóg taobh liom, mar bhíos i bhfolach san iothlainn i gcoca féir nuair a thánadar ann.'

Thóg an breitheamh an géire, agus chuaigh na seirbhísigh, agus fuaireadar amach gur géire as a gcasóg a bhí air siúd é. Tháinig dath mháilín an ghoirm ar an bhfear eile agus tógadh é.

Agus scaoileadh leis an nduine bocht agus tháinig sé abhaile, ach ná raibh dubh agus dall na hoíche ann nuair a shroich sé an tigh. Ní raibh aon bholta ar an ndoras san ach oiread agus chuaigh sé isteach agus shuigh sé cois na tine. Ach tar éis tamaillín shiúlaigh sé, agus chuaigh sé síos go tóin an tí, agus ná feaca sé a bhean chéile ina codladh, agus slataire d'fhear óg ina chodladh in éineacht léi. D'imigh sé suas 'on chistin, rug sé ar an dtua agus dúirt sé go raghadh sé síos agus go maródh sé an fear deoranta. Agus bhí an tua tógtha aige díreach nuair a chuimhnigh sé ar an dtríú comhairle.

'Ó,' ar seisean, 'dúirt sé liom gan aon ní a dhéanamh anocht go mbeadh aithreachas orm ar maidin, fanfaidh mé go dtí maidean.'

Is ea, tar éis tamaill, pe únfairt nó útamáil a bhí sa chistin air, chualaigh bean an tí thíos é, agus labhair sí leis an bhfear a bhí in aice léi:

'Ó, a Thaidhg,' ar sise, 'is dócha gurb amhlaidh a cailleadh t'athair; tá únfairt an domhain agus gleotháil sa chistin, agus is dócha gurb é a thaibhse, a chroí, thá tagtha ón saol eile.

'Éirimis, a Mham,' ar seisean.

D'éiríodar, agus is amhlaidh a bhí an t-athair suite thuas ar a

33 An Bráthair Bocht

Fadó, bhíodh an bráthair bocht so ag siúl roimis, agus ba ghnáthbhéas leis déanamh dána ar thigh áirithe. Agus ní raibh sa tigh ach bean an tí agus a triúr mac agus gheibheadh sé béile breá ann, ach tá sé ráite riamh: 'Téirigh go hannamh go tigh do charaid agus gheobhair fáilte, ach, téirigh go minic ann is ní bhfaighir náda.' Bhí sé ag dul rómhinic ann.

Ach an lá áirithe seo bhí sé ag déanamh ar an dtigh, is ná feaca sé bean an tí ina seasamh sa doras agus a triúr mac. Agus dúirt sí leis an gclann go raibh sé chucu aríst mar bhí sé ag druidim le am dinnéir, agus nuair a thiocfadh sé a rá leis ná raibh a máthair istigh go raibh sí imithe 'on bhaile mhór, agus dheineadar amhlaidh. Agus lig sé air a bheith ana-shásta, agus dúirt sé go dtarlódh san.

'Sín amach do láimh chugam, a bhuachaillín,' ar seisean leis an bhfear ba shine, is do shín.

'Ó, Dia linn, Dia linn, Dia linn,' ar seisean, 'thá drochshaol romhat amach, beidh tú id bhithiúnach choíche.'

Dúirt sé leis an dara fear a lámh a shíneadh amach, léigh sé croí a dhearnan agus dúirt:

'Tá drochshaol i ndán duitse, leis, beidh tú id mharfóir,' ar seisean.

Agus dúirt sé leis an triú fear a lámh a chur amach.

'Is seacht measa ná san an saol athá i ndán duitse, a chréatúir,' ar seisean, 'beidh tú id fhear déirce.'

Bhí sé ag imeacht chun bóthair arís nuair a tháinig a mháthair, agus dúirt sí le duine acu dul ina dhiaidh. Agus chuaigh, agus tháinig sé thar n-ais, is dúirt sí go raibh an dinnéar réidh is go raibh fáilte roimis suí chun dinnéir in éineacht leo, ach dúirt sí go raibh sí chomh cráite mar gheall ar an ndrochscéal a thug sé dhóibh.

'Á, níl an scéal chomh holc sin in aon chor,' ar seisean. 'Scéal is ea é is féidir a leigheas. Dein dlíodóir do dhuine acu agus beidh sé ina bhithiúnach choíche, dein dochtúir d'fhear eile acu agus beidh sé ina mharfóir – leighisfidh sé duine inniu is maróidh sé duine eile amáireach, agus dein bráthair bocht den bhfear eile agus beidh sé choíche ina fhear déirce, pingin inniu aige agus gan aon ní aige amáireach.'

34 An Báille Mór agus an Diabhal

Fadó, bhí báille ag gabháilt an bhóthair. Bhí sé ag dul ag déanamh a chúraim. Bhí sé chun baintreach bhocht a chur as seilbh, mar ní raibh sí ábalta ar an gcíos a dhíol, Dia linn!

Cé casfaí air ná an t-áirseoir. Bhíodar araon ag siúl leo, agus bhí comhrá eatarthu.

'Beirimse liom anois,' arsa an t-áirseoir, 'gach aon duine a tugtar dom i bpáirt mhaitheasa.'

'An mar sin é,' arsa an báille.

Is ea, ní rabhadar i bhfad ó bhaile nuair a tháinig garsúinín amach as thigh, agus a mháthair ag rith ina dhiaidh.

'Fan liom,' ar sise, 'fan liom! Fan liom, a bhligeairdín, go nífidh mé t'aghaidh agus go raghaidh tú ar scoil!'

Níor thug an garsúinín aon tor uirthi, agus d'imigh sí ina dhiaidh.

'Go mbeire an diabhal uaim tú,' ar sise, 'maran luaimneach atánn tú!'

Is ea, bhíodar ag cur an bhóthair dóibh aríst.

'Nárbh ait leat,' arsa an báille, 'ná tabharfá leat an garsúinín sin?'

'Dhera, mo thrua mhór tú,' ar seisean, 'ní raibh ansan ach gaoth an fhocail aici sin, ní ón gcroí a tháinig sé. Ná bac léi sin!'

Is ea, bhíodar ag cur an bhóthair dóibh aríst, agus ná feacadar cailín beag in airde ar chlaí, agus gach aon bhéic aici.

'A Mham, a Mham, a Mham, tá an mhuc ag tóch insa gharraí,

143

agus tá an garraí loitithe aici!'

'Ó, go mbeire an diabhal ón ndúthaigh an mhuc chéanna,' arsa an mháthair, 'ní hé sin an t-aon uair amháin go bhfuil san déanta aici!'

'Ná béarfá leat anois an mhuc?' arsa an báille leis an áirseoir.

'Ní bhéarfaidh mé,' ar sisean, 'mar ní óna croí athá sé ag teacht, agus tá a fhios agamsa go maith nach ea.'

Is ea, leanadar orthu, agus bhíodar ag déanamh ar thigh na baintrí, is é sin an tigh go raibh an báille chun an bhaintreach bhocht agus a doirnín leanbh a chur as seilbh. Agus bhéic an garsún:

'Ó, a Mham, a Mham, a Mham,' ar seisean, 'tá an báille mór ag teacht! Cad a dhéanfaimid?'

'Ó, a chroí,' ar sise, 'ní bheidh tigh ná treabh againn, agus go mbeire an diabhal ón ndúthaigh an báille mór agus a bhfuil de dhiabhail in ifreann in éineacht leis!'

'Is ea anois,' arsa an t-áirseoir, 'tá san ag teacht ón gcroí, caithfeadsa tusa a bhreith liom.'

D'ardaigh sé leis é, pé áit a chuadar. Níor chualathas tásc ná tuairisc ar an mbáille ná ar an áirseoir ó shin.

35 An Bhó a dh'Ith an Peidléir

Bhí beirt pheidléirí ag siúl an bhóthair lá, agus ná feacadar fear marbh ar thaobh an bhóthair.

'Don diabhal,' arsa duine acu leis an nduine eile, 'nach breá an dá bhuatais atá air agus gan luid desna bróga ormsa?'

Chuaigh sé thar n-ais don mhála a bhí aige agus fuair sé sábh, mar ní fhéadfadh sé na bróga a bhaint den bhfear marbh. Do shábhaigh sé ós na glúine iad, agus bhuail sé thiar ar a dhrom iad i mála.

Agus siar sa tráthnóna, nuair a bhí an ghrian ag dul ar scáth na copóige is an chopóg ag teitheadh uaithi, dúradar gur chiallmhaire dhóibh lóistín a dh'fháil. Chuaigh duine acu i dtigh amháin ar an mbaile agus chuaigh an fear eile i dtigh eile is fuaireadar lóistín na hoíche.

Ach an fear go raibh na loirgne agus na buataisí aige, nuair a fuair sé sin muintir an tí imithe a chodladh, chuir sé síos ar an dtine corcán breá uisce agus chuir sé an dá lorga isteach ann agus na buataisí. Agus gan dabht thit an fheoil agus thóg sé anuas an t-uisce agus thóg sé aníos na buataisí astu. Chaith sé na loirgne isteach fé cheann na bó – bhí bó istigh sa tigh agus í i mbéal bheirthe. Agus bhailibh sé leis.

Agus ar maidin tháinig a pháirtí go dtí an ndoras á lorg. Dúirt fear an tí leis go macánta gur thugadar lóistín na hoíche dhó, ach nuair a dh'éiríodar ar maidin ná raibh tásc ná tuairisc air, ach go raibh na loirgne fé cheann na bó agus gur dócha gur b'amhlaidh a dh'ith an bhó é. Agus thosnaigh an peidléir eile ag béiceach is ag scréachach is ag liúrach.

'Cad a dhéanfaidh mé,' ar seisean, 'is gan ar an saol agam ach mo pháirtí, cad a dhéanfaidh mé go deo deo anois ina éagmais?' Is bhí sé ag lógóireacht ar an gcuma san.

'Ó,' arsa an feirmeoir, 'ní fhéadfainn aon ní a dhéanamh duit, ach tabharfaidh mé fiche punt duit. Níor dheineamair aon ní leis.'

'Cén mhaith dhomsa fiche punt,' ar seisean, 'agus mo pháirtí caillte agam?'

Dúirt an feirmeoir lena bhean dul go tigh na gcomharsan, agus tháinig sí thar n-ais agus daichead punt eile aici.

'Tabharfaidh mé daichead punt duit,' ar seisean.

'Cén mhaith dhomsa daichead punt?' ar seisean.

'Tabharfaidh mé trí fichid duit,' ar seisean.

Agus 'by gor,' a dúirt sé, 'is duine macánta thú, tógfaidh mé na trí fichid.'

Thóg sé na trí fichid agus d'imigh sé uathu, agus ar an gcrosbhóthar ná bhuail an páirtí leis, agus cad é gáirí geala na Nollag orthu go raibh a ndóthain acu, chuadar isteach i dtigh tábhairne. D'fhanadar ann go rabhadar ar na stártha.

Agus ansan d'éiríodar amach agus mhóidíodar in ard a gcinn is a ngutha ná raibh beann acu féin ar *pheeler* ná ar phóilín, ar shagart ná ar bhráthair. Ach ambaiste, ní haon iontaoibh na póilíní, thógadar iad agus chuireadar isteach i bpríosún iad agus chaitheadar mí a thabhairt ansan.

36 An Scáthán

Is dealraitheach go dtéadh na Ciarraígh ag díol ime go Corcaigh blianta buana ó shin, agus an lá áirithe seo chuaigh an fear so ó Chiarraí. Dhíol sé a chuid ime go luath sa lá, agus bhí sé ag siúl timpeall agus ag féachaint ar na siopaithe agus ar na fuinneoga. Agus ná feaca sé an pictiúir seo agus d'fhéach sé thar n-ais aríst:

'Má mhairim beo,' ar seisean, 'gur b'shin é m'athair, is cá bhfuaireadar an pictiúir? Raghaidh mé isteach agus má tá sé ar díol, ceannód é.'

Chuaigh sé isteach agus thaispeáin sé do bhean an tsiopa an pictiúir a bhí uaidh. Thóg sí amach é, agus dhíol sé as, is chuir sí i bpáipéar é, bhuail sé chuige go haclaí é agus é ana-shásta.

'Conas in ainm Dé,' a dúirt sé,' a thánadar ar phictiúir m'athar?'

Bhí san go maith is ní raibh go holc.

Is dealraitheach go raibh sé ana-cheanúil ar an athair, ach gach aon lá a thagadh sé abhaile chun dinnéir, nuair a bhíodh an dinnéar ite aige, théadh sé 'on tseomra, thógadh sé amach an pictiúir, agus chuireadh sé paidear nó dhó le anam a athar.

Ach lá des na laethanta, bhí a bhean istigh agus bhí sí ag rá léi féin:

'In ainm Dé, conas go dtéann sé 'on tseomra gach aon lá tar éis dinnéir, nó cad a thugann ann é?'

Agus chuaigh sí féin 'on tseomra, agus chuir sí a lámh ina póca agus thóg sí amach an pictiúir seo:

'Ó, in ainm Dé,' a dúirt sí, 'is mór an bligeard fir é, tá bean eile aige,' a dúirt sí, 'agus caithfidh mé an scéal a chuir fé bhráid an tsagairt.'

Tháinig an fear abhaile, fear bocht saonta, agus níor fhág sí thíos ná thuas, thoir na thiar air é, go raibh sé ag siúl amach le bean eile agus go raibh a pictiúir aige.

'In ainm Dé, a bhean,' ar seisean, 'tánn tú as do mheabhair!'

'Nílim,' ar sise, 'is caithfidh tú teacht liom anois go tigh an tsagairt, is cuirfimid an scéal fé bhráid an tsagairt!'

Chuaigh sí fhéin ar dtúis agus dhein sí coinne leis an sagart.

'Caithfidh beirt agaibh teacht, caithfidh sibh araon teacht im láthair,' arsa an sagart.

Bhíodar toilteanach. Chuadar araon chuige, agus loirg sé an pictiúir.

'Tá beirt agaibh as bhur meabhair,' a dúirt sé, 'nach shin é an seanashagart paróiste a bhí anso romhamsa?'

– Cad a bhí ann, ná gur scáthán a bhí ceannaithe ag an bhfear bocht.

37 'Bhí dhá ghé ann!'

Bhí lánú fadó ann agus bhíodar ag maireachtaint i bhfochair a chéile go síoch grách gan cíos cás ná cathú. Ach, an lá áirithe seo fuaireadar cuireadh chun dul ar phósadh. Agus lá arna mháireach ghléasadar suas iad féin agus thugadar fé thigh na bainise agus iad go sásta le chéile.

Ach, fé mar a bheadh an nimh ar an aithne, bhí log uisce ar an mbóthar, agus díreach agus iad ag dul thairis an log dúirt an fear:

'Nach deas í an ghé ag snámh ar an uisce?'

'Ach, tá dhá ghé ann,' arsa an bhean.

'Ó, níl,' ar seisean, 'tá gé ann, agus sin é an scáth a chíonn tú.'

'Tá dhá ghé ann!' a dúirt sí.

'Caithimís uainn é!' ar seisean.

D'imíodar leo, agus gach aon abairt a thagadh as a bhéal d'fhreagraíodh sí é agus deireadh sí:

'Bhí dhá ghé ann!'

Bhíodar mar sin go dtí gur chuadar go dtí tigh na bainise. Chuadar isteach agus shuíodar síos, ach gach aon uair a labhradh sé léi dh'fhreagraíodh sí:

'Bhí dhá ghé ann!' a deireadh sí.

Bhí sé cráite agus d'fhágadar tigh na bainise níos luaithe ná mar cheapadar, agus iad ag cur an bhóthair dóibh abhaile, aon uair a labhradh sé dh'fhreagraíodh sí agus deireadh sí:

'Bhí dhá ghé ann!'

Luigh sí ar an leabaidh tar éis teacht abhaile agus ní dh'éireodh sí in aon chor ar maidin. Chuaigh sé go dtí an leabaidh agus dúirt sé léithi:

'Éirigh, a Mháire go dtí do dhoirnín leanbh agus cuir cóir agus crích éigint orthu!'

'Bhí dhá ghé ann!' a dúirt Máire, mar Máire an ainm a bhí uirthi.

Lean an scéal air mar sin, agus ar deireadh thiar shín Máire siar chun báis, agus dúirt sé, chuir sé cogar ina cluais:

'Caithfidh mé an sagart agus an dochtúir a thabhairt chugat,' ar seisean.

'Bhí dhá ghé ann!' a dúirt Máire.

Lean sé uirthi. Shín sí siar chun báis, agus bhí tórramh – gléas tórraimh tabhartha aige, an fear bocht leis, agus na comharsain ag bailiú isteach. Chuaigh sé go dtí an mbord mar a raibh an corp ligthe amach, dar leis.

'Éirigh, a Mháire!' ar seisean, 'agus tabhair aire dhod dhoirnín leanbh!'

'Bhí dhá ghé ann!' a dúirt Máire.

B'éigean dó éirí as.

I gcaitheamh na hoíche, d'éirigh sé cúpla uair is chuir sé cogar ina cluais agus fuair sé an freagra céanna:

'Bhí dhá ghé ann!' a dúirt Máire.

Agus lá arna mháireach, nuair a bhí sí á cur sa chomhra, dúirt sé leis na comharsain ar mhiste leo dul thar doras go fóill, go labharfadh sé go príobháideach lena bhean a bhí tar éis bás a fháil. Agus do dhein.

'Éirigh, a Mháire,' ar seisean, 'agus déarfadsa leis an gcomhluadar gur amhlaidh a thitis i bhfanntais, agus ní bheidh a thuilleadh mar gheall air.'

'Bhí dhá ghé ann!' arsa Máire.

B'éigean dó éirí as.

Tugadh corp Mháire 'on teampall, cuireadh sa reilig í, ach dúirt sé leis an dream a bhí sa chóirí gur mhaith leis labhairt léi go príobháideach. D'fhágadar. Chuaigh sé chuici agus dúirt sé léithi:

'A Mháire, níl puinn ualaigh ná cré curtha agam anuas ort, agus éirigh agus beannacht Dé dhuit, agus tabhair aire dhod dhoirnín leanbh.'

'Bhí dhá ghé ann!' arsa Máire.

Chuaigh sé abhaile, is tháinig sé lá arna mháireach is an chéad rud a dhein sé ná dul 'on reilig. Agus bhí an dá mhéar tríd an uaigh in airde ag Máire ag cur in iúl an freagra céanna go raibh dhá ghé ann.

38 An Scoláire Fealsúnachta

Bhí lánú fádó ann agus ní raibh de mhuirear orthu ach aon mhac amháin. Ardscoláire ab ea an mac, agus bhí an mháthair ana-shásta go leanfadh sé an scoil agus an scoláireacht. Ach b'fhearr leis an athair go bhfanfadh sé ag baile agus aire a thabhairt do phaiste beag talún a bhí acu, agus go bhféacha Dia orainn, ní raibh an paiste rósheanntarach ná róthoirtiúil. Pé scéal é, fuair a mháthair a toil, d'fhág sé agus chuaigh sé 'on choláiste.

Agus nuair a bhí sé críochnaithe sa choláiste, chuir sé focal go raibh sé ag teacht abhaile. Bhí mórtas an domhain ar an máthair, agus chuir sí dhá lacha ag róstadh chun go mbeadh béile breá le chéile acu nuair a thiocfadh sé.

Agus mar sin a bhí. Chuir sí amach an dá lacha agus iad róstaithe go gleoite aici agus dúirt sí leis:

'Féach anois,' ar sise, 'táimid chomh mórálach asat, as an méid atá déanta agat agus gur mharaíos dhá lacha chun an onóir sin a thabhairt duit.

'Thá trí cinn ann, a Mham!' ar seisean.

'Á, mo chroí thú, níl,' ar sise, 'níl ann ach an dá cheann, féach anois!'

'Thá trí cinn ann, a Mham!!' ar seisean.

'Mo chroí thú, níl,' ar sise, 'níl, níl ann ach an dá cheann!!'

Agus is mar sin a bhíodar ag áiteamh ar a chéile. Cad a bhí, ná gur b'shin é an fhealsúnacht a bhí foghlamtha aige ó dh'fhág sé an tigh, agus níor thuig an t-athair ná an mháthair, na créatúirí, é sin in aon chor, ach an oiread is a thuigfinn féin.

Bhí an t-athair ag éisteacht leo, agus bhris ar an bhfoighne aige agus ar seisean:

'Féach, a bhean, ná bí id chrá fhéin leis, cuir an forc sa cheann san agus cuir ar mo phláta-sa é, cuir forc sa cheann eile agus cuir ar do phláta féin é, agus má tá an triú ceann ann, bíodh sí aige!'

39 Seán Chiarraí

Bhí fear – in Iarthar Dhuibhneach a bhí sé is dócha – Seán Chiarraí a ghlaodh gach éinne air, agus bhíodh sé ag siúl roimis. Saghas, saghas scoláire bocht ab ea é, ach ní glaotaí air ach Seán Chiarraí. Agus bhí sé… bhíodh sé ag siúl roimis i gcónaí, oíche anseo agus eadra ansúd aige. Bhí sé ana-léannta, ach éinne a chífeadh é, cheap… mheasaidís ná beadh ann ach sop ar an mbóthar. Ach bhí sé ana-léannta.

Ach bhí sé ag cur an bhóthair dó oíche agus bhí sé ag tarrac ar an nGaillimh, agus dúirt sé leis féin go dócha b'é áit ab fhearra dhó dul ná go tigh an tsagairt. Ní folláir má bheadh trócaire ar láimh éinne gur chóir gur ar láimh an tsagairt a bheadh sé, is go bhfaigheadh sé lóistín go maidean. Thug sé fé thigh an tsagairt agus loirg sé lóistín na hoíche agus fuair. Seanashagart paróiste a bhí ann, agus dúirt sé gur bhreá leis an chuileachta. Cuireadh cóir bídh ar Sheán is cóir dí, agus ansan shuigh sé féin agus an sagart paróiste ar dhá thaobh na tine ag caint le chéile.

Agus arsa an sagart leis:

'Cad é an ainm anois a ghlaonn sibhse ormsa i gCiarraí?'

'"Sagart", gan dabht,' arsa Seán, '"sagart".'

'Ó, ní hé sin a ghlaotar orm anso in aon chor,' ar seisean, ach '"Rí an Tí".'

'Ó, an b'ea?' arsa Seán.

Lena linn sin ghaibh an chú aníos.

'Cad é an ainm a ghlaonn sibh air sin i gCiarraí?' arsa an sagart.

'"Cú", gan dabht!' arsa Seán.

'Ó, "gob sodair", a ghlaotar air sin anseo,' ar seisean.

Thóg sé a bhróga ansan agus thaispeáin sé na bróga do Sheán.
'Cad a ghlaonn sibh orthu san i gCiarraí?' ar seisean.
'A Mhuire Mháthair, "bróga"!' arsa Seán.
'Bhuel, "socair boinn", a ghlaoimidne anseo orthu,' ar seisean.
Ansan ghaibh an cat aníos.
'Cad a ghlaonn sibh air sin i gCiarraí?' ar seisean.
'"Cat",' arsa Seán.
'Ó, "suan" a ghlaoimidne anseo air,' ar seisean.
Thaispeáin sé an leabaidh ansan dó a bhí thuas sa tseomra.
'Cad a ghlaonn sibh air sin?'
'Glaoimidne "leaba" air sin,' arsa Seán.
'Bhuel, "suaimhneas" a ghlaotar anseo air,' ar seisean.
Thaispeáin sé an tine ansan dó.
'Agus, cad a ghlaonn sibh air sin i gCiarraí?' ar seisean.
'"Tine",' arsa Seán.
''Is é a ghlaotar air sin anso,' ar seisean, 'ná "an ghlóire mhór".'
Agus ansan ghaibh an cailín aimsire, ghaibh sí aníos agus
canna uisce aici.
'Cad a ghlaonn sibh air sin anois i gCiarraí?' ar seisean.
'"Uisce", gan dabht,' arsa Seán.
'"Iomadúltacht", a ghlaotar air sin anso,' ar seisean.
Cheap an sagart go raibh sé ag plé le pleidhce, is d'imigh an
sagart a chodladh. Thosnaigh Seán ag iarraidh é fhéin a chóiriú,
an fear bocht, chomh maith is a d'fhéad sé, is bhí a d'iarraidh
titim dona chodladh.
D'éirigh an cat is bhí ruainne éigin cadáis in eireaball an chait,
luigh an cat cois na tine, thóg an cadás tine, chuaigh an tine in
eireaball an chait, rith an cat is d'imigh sé suas fé leabaidh an
tsagairt sa tseomra.
Agus d'éirigh Seán ina sheasamh, agus bhéic sé:
'A Rí an Tí, an bhfuileann tú id chodladh?' ar seisean.
'Ó, nílim,' arsa an sagart.
'Bhuel,' ar seisean, 'd'ith gob sodair socair bhoinn, chuaigh
suan fén suaimhneas, agus an ghlóire mhór ina eireaball, agus
mara bhfuil iomad den iomadúltacht agat, beidh do ríocht
caillte agat.'

40 An Buachaill ná Feaca Bean Riamh

Bhí rí fadó ann agus bhí sé pósta, ach pé mac mallachtain a bhí anuas orthu, ní raibh sé fhéin agus a bhean ag réiteach, agus ní i bhfeabhas a bhí an scéal ag dul. Bhí aon mhac amháin aige agus bhí an leainbhín dó nó trí 'bhlianaibh, agus fós, bhí sé fhéin agus a bhean gach aon lá 'gabháilt stealladh dhá chéile agus iad fhéin i muin mairc a chéile.

Bhí an oiread san gráin ar mhná ar deireadh aige gurb é a dhein sé ná an leainbhín a thógaint leis agus é a chur amach ar oileán, agus chuir sé fir freastail agus chuir sé banaltraí fear agus chuir sé múinteoirí agus ollúna léinn agus gach éinne in éineacht leis, agus chuir sé gach aon chóir air, agus dúirt sé go bhfágfadh sé ansan é chun ná beadh aon tseans aige ar bhualadh le aon bhean. Bhí ag éirí leis go hiontach, bhíodh sé féin ag tabhairt turas air anois is arís ann is bhí an garsúinín ana-shásta ann.

Ach nuair a chuaigh an garsúinín, nuair a bhí sé ag dul isteach san aos, agus nuair a bhí sé bliain is fiche chuir sé fleadh agus féasta mór ar bun dó, agus dúirt sé go dtabharfadh sé cuireadh abhaile go dtí an bpálás dó, agus do dhein. Tháinig an garsúinín, agus, dhera, leath a shúil air nuair a chonaic sé an ornáid agus an áit chomh breá, agus bhí an fleadh agus an féasta ar bun.

Bhí sé fhéin is an t-athair ansan amuigh insa halla agus iad ag caint lena chéile, nuair a ghaibh an cailín seo an treo, bhí sí ag dul ón gcistin go dtí seomra an bhídh.

'Cad é sin?' ar seisean leis an athair.

'Ná bac leis sin anois,' arsa an t-athair, 'gé í sin!'

'Ó, an b'ea?' arsa an garsúinín.

Is ea, siar san oíche bhí an rangás is gach aon ní ar siúl, ach n'fheachaigh sé éinne eile, aon chailín eile n'fheachaigh sé as san amach, ach, nuair a bhí sé ag druidim siar san oíche, dúirt an t-athair leis:

'Anois,' ar seisean, 'cíonn tú an áit seo, is leatsa an áit seo go léir, an ríocht ar fad i ndiaidh mo bháis. Ach anois,' ar seisean, 'nuair a bheir ag imeacht, tabharfaidh mé dhuit pén rud is maith leat. Féach timpeall agus má chuireann tú do shúil in aon rud, tabharfadsa dhuit é agus fáilte.'

'Ó, tháim ana-bhaoch duit, a Dhaid,' ar seisean, 'ach, bhreá lem chroí dá dtabharfá dhom an ghé.'

Sin é an uair a bhí a fhios ag an athair go raibh an dearúd déanta aige.

'Ba dheas lem chroí an ghé,' ar seisean, 'is dóigh liom ná feaca riamh rud ba dheise ná í!'

Dhein stalcadh dhon athair agus ní dúirt sé a thuilleadh. Bhí a fhios aige nárbh fhéidir é a choimeád ósna mná a thuilleadh.

43 Paidir Naomh Pádraig

A Phádraig Naofa, ardeaspag Éireann,
is tusa an té a chuir Dia chun ár sinsir
chun solas an chreidimh a thabhairt ag triall orthu,
thug Dia dhuit an obair sin a dhéanamh go maith,
dhein Dia mórán míorúiltí dhuit
chun na hoibre sin a chur chun cinn.
Chuir Dia na Glóire an rath ar an obair
agus do lean an rath,
tá toradh na hoibre sin againn inniu
agus táimid baoch do Dhia agus díotsa.

Iarr anois ar Dhia na Glóire,
trí ímpí na Maighdine Muire, Máthair Dé,
grásta a thabhairt go líonmhar agus go rathmhar dúinn
i dtreo is go gcoimeádfaimid –
pé cor a bhéarfaidh orainn sa tsaol –
greim daingean ar an gcreideamh
agus go mbeidh a thoradh againn go rathmhar,
síocháin Dé ar an saol so
agus aoibhneas na bhflaitheas
i gcomhluadar leatsa ar an saol eile.

44 Naomh Bríd agus an Bhean Rialta Dhall

Tráthnóna aoibhinn grianmhar bhí Naomh Bríd insa chlochar, agus bhí sí suite le hais fuinneoige, agus trasna uaithi bhí bean rialta a bhí dall, slán mo chomhartha!

Agus bhí Naomh Bríd ag féachaint amach ar an aoibhneas agus ar na bláthanna agus ar an nádúir, agus bhí a croí ag leá le trua dhon mbean rialta dall ná raibh ábalta ar an radharc san a dh'fheiscint. Is thosnaigh sí ag guí chun Dé a radharc a thabhairt don mbean rialta chun go gcífeadh sí an t-aoibhneas agus an nádúir. Agus fuair an bhean rialta dall a radharc agus bhí sí ag féachaint chuici agus uaithi.

Agus ansan dúirt Naomh Bríd léi:

'Ná fuil an radharc san go hálainn anois?'

'Ó, tá,' a dúirt sí, 'agus táim fíorbhaoch duit, ach b'fhearr liom an radharc a bhí agam.'

Agus leis sin, d'imigh an radharc aríst uaithi.

45 Teagasc Naomh Bríd

Teagasc Naomh Bríd, deirtí ana-mhinic é le daoine óga:

Mise Bríd Naofa bhur dteagasc,
tabhair a leas don bpeacach,
beannacht athar agus a chomhairle glac,
nuair a raghair go dtí an aifreann,
tabhair t'aghaidh ar an altóir bheannaithe,
ná dein calaois, mailís ná masla,
ach nuair a bheir réidh, téir abhaile,
tabhair déirc de réir t'acmhainn,
tabhair deoch don té go mbeadh tart air,
tabhair óstaíocht don deoraí go maidean,
coinnibh do chlann fé smacht,
agus má dheineann tú na nithe sin,
ní bás a gheobhair ach malairt beatha,
agus ní raghaidh t'anam choíche
thar leacacha pianmhar' ifreann.

Na seanamhná is mó a déarfadh í sin.

52 Aifreann an Domhnaigh

Paidear eile a bhíodh de shíor ag m'athair críonna ná:

Aifreann an Domhnaigh ná lig uait,
pé fliuch nó fuar a bheidh an mhaidean
ar eagla ná mairfeá Dé Luain
agus gurb í an uaigh do leaba.

Ceann eile a bhíodh aige ná:

Aifreann Dé ná tréigh le faillí,
ach é a éisteacht le dea-chroí dearnan,
agus maithfidh Mac Dé dúinn féin na cortha
a deineadh san aimsir chaite nár tháinig.

53 Paidir a Scrígh an Mhaighdean Mhuire ar an Leac

Deirtear gur scríobh an Mhaighdean Mhuire an phaidear so ar an leac tar éis d'Ár Slánaitheoir a bheith adhlactha chun go mbeadh sí againne, agus creidtí go láidir go bhfóirfeadh an phaidear san ort dá mbéarfadh greim cruaidh ort, fiú, bean a bheadh i bpéin linbh, úsáidtí i gcónaí í.

Ó, a Thiarna Íosa Críost,
Aonmhic na Maighdine Muire,
féach go trócaireach orainne,
peacaigh bhochta,
aimsir na creatha
ar uair ár mbáis.

Cuirimse m'anam,
mo mhisneach
agus mo dhóchas
fé choimirce do dheaslámha,
a Mháthair na Trócaire,
mar shúil is go raghainn

go Doras Pharthais,
go Pálás Íosa Críost,
go Teampall Dé,
ag dul ag fiosrú uachtar na nAspal agus na nArd-Aspal
go dtí bean a bhí diongbhálta ins gach uile mholadh
sí sin Máthair Rí na nAingeal,
agus go saora sí sinne
ó gach cruachás dá bhfuil anois inár láthair.

54 Paidir do na Mairbh

Fuaireas an phaidear so ó Mharian, bean mo mhic, Marian Ní Chíobháin ós na Gorta Dubha ab ea í, agus chuala sí an phaidear ag a máthair chríonna is ag a hathair críonna. Ís dealraitheach go mbíodh an phaidear san acu nuair a bheadh duine marbh:

> Cros na n-aingeal ar an leaba go luíonn sé,
> brat ós na Flaithis go leatar ina thimpeall.
> Deoir desna grásta go raibh i lár a chroí istigh
> ag díbirt smúit agus ceo na bpeacaí uaidh,
> na naoimh, na haingil agus na haspail á thórramh,
> agus Muire Bheannaithe, sí an Bhanaltra Ghlórmhar
> ag tionlacadh an anama go Cathair na Glóire.

55 Paidir tar éis Adhlacadh Coirp

Agus ag m'athair críonna i gcónaí, bhíodh an seanará so, abair, dá mbeadh corp anois tar éis a bheith adhlactha sa teampall, deireadh sé:

Mo chruatan an t-uaigneas go léir os ár gcionn,
ar chruaidh-leabaidh fhuar agus gan éadach fúinn,
le sluaiste nuair a buailfear an chré lenár gcúl,
ansan gluaiseoidh an slua go léir chun siúil.

56 Paidir ag Gabháil Thar Reilig

Deirtí linne nár cheart go deo pé deabhadh nó imní a bheadh ort gabháil thar reilig gan beannú dhosna mairbh, agus is é an beannú a dhéanfá ná:

Beannaím daoibh, a fhíréanaibh Chríost,
atá anso ag feitheamh le bhur n-aiséirí,
an Té d'fhulaing bás ar bhur son
go dtuga Sé dhaoibh an bheatha shíoraí.

In ainm an Athar agus an Mhic agus an Spioraid Naoimh. *Amen*!

57 Paidir Cois Leachta

An dtuigeann tú, nuair a bhímist ag teacht ón nDaingean fadó, bhí sé de bhéas ag na fearaibh, m'athair anois, abair, cuir i gcás a bheadh ag tiomáint an chapaill, d'éirídís amach, mar bhí ana-ard sa Chlasach. Agus ansan nuair a thagaidís go barra, bhéaraidís ar phúróigín chloiche, agus chaithidís isteach sa phaiste áirithe seo é agus deiridíst:

Cuirim cloch sa leacht
agus mo leas go ndearnaim,
beannacht Dé dílis le hanam m'athar agus mo mháthar,
agus go speisialta leis an anam bocht a cailleadh san áit seo.

– Le linn an Drochshaoil fuair duine bocht éigin bás insa phaiste seo le barr laige agus ocrais.

58 Paidir ag Gabháil Thar Uisce

Bhí sé curtha ina luí i gcaidhte orainn, aon uair go deo a bheimís ag gabháil thar abhainn, nó thar uisce doimhin, gur ceart an phaidear so a rá:

> Ar eagla don uisce a bheith doimhin,
> a Rí na Foighne glac mé ar láimh,
> agus ar eagla dhon dtuile a bheith tréan,
> a Mhuire, féach agus ná fág!

59 An Choróin Pháirteach

Ó, a Mhuire, bhí ana-mhuinín as thoil Dé i gcónaí, gcónaí. Is é an rud is cuimhin liom agus mé óg, dá dtitfeadh tubaist mór anois nó aon ní amach, déanfaí ana-léamh air, ach ar deireadh thiar, b'é crích agus deireadh na bpaidreacha gurb é deiridís ná: 'Is é toil Dé é, agus ní gá dul thairis.'

M'athair críonna i gcónaí a thosnaíodh an Choróin, ach nuair a bhí an t-aos ag breith air, is é m'athair a thosnaigh ag rá na Corónach, agus a thosnaíodh an Choróin.

Agus déarfaí an Choróin Pháirteach gach aon tráthnóna idir shamhradh agus gheimhreadh sa tseanathigh againne. Ní raibh aon bhean tí againn, ach fós, na fearaibh go léir ar a nglúine, m'uncailí, m'athair críonna agus m'athair, agus sinne, beirt leanbh. Agus Oíche Shamhna agus Oíche Nollag is mó gur dosna mairbh a bhíodh an Choróin á dh'ofráil, agus deirtí:

> Ofrálaimid suas na chúig deichniúr seo,
> agus na chúig *Ave* Máire Muire
> in onóir do Dhia agus don Maighdean Bheannaithe,
> agus ar son na n-anamacha bochta atá ag fulang na
>   bpianta i bPrugadóireacht,
> go mór mhór anam ár mairbh bhochta féin go léir a
>   dh'fhág sinn,
> an t-anam is déanaí a dh'fhág an saol,
> agus aon anam gur fhan fuíoll faoistin, dearmad aifrinn
> nó breithiúntas aithrí gan comhlíonadh aige.
> Dia agus Muire agus Naomh Mícheál
> i gCúirt Aingealaibh na bhFlaitheas
> ag tabhairt fuascailt, fuarthan agus saorbhreithiúnachas
>   ar anam anocht,
> agus cuirimidne fé bhrí ár nguí iad.

60 An Memorare

Is é an phaidear is fearr liom fhéin i gcónaí ná an *Memorare*:

Cuimhnigh, a Mhaighdean Mhuire rócheansa
nár chualathas trácht ar éinne riamh a chuir é féin féd
    thearmainn
ná d'iarr cabhair ort agus gur theip tú air.
Lán de mhuinín asat dá bhrí sin
rithimse chugat, a Mhaighdean na Maighdean agus a
    Mháthair,
chugatsa a thagaim im pheacach bocht atuirseach,
a Mháthair an Aonmhic,
ná diúltaigh dom urnaithe,
ach éist liom go trócaireach
agus tabhair toradh ar mo ghuí! *Amen*.

AGUISÍNÍ

A   Triúr Iníon na Baintrí

Scéal ó Mháire Ruiséal a fuair sí óna hathair, Tomás Ruiséal, Arda Mór, Cill Maoilchéadair. Taifeadadh ar eideafón, Lúnasa 1936, agus trascríobh ag Seosamh Ó Dálaigh (CBÉ 469: 27-46), cf. insint Bhab, uimh. 31 thuas.

Bhí baintreach ann. Triúr iníon a bhí aici. Nuair a dh'éiríodar suas, ní rabhadar an-umhal dona máthair, agus nuair ná rabhadar do theangaigh san dóibh fhéinig. Dúirt an ceann críonna go raibh sé in am aici déanamh di féin.

'Dein suas lón dom, a mháthair, le heagla go dtiocfadh aon ocras orm sara mbuailfeadh aon tigh liom.'

Mar sin a bhí. Do dhein sí bollóg bheag agus bollóg mhór. Dh'fhiafraigh sí dhi cé acu dob fhearr léi, an bhollóg bheag agus a beannacht ná an bhollóg mhór agus a mallacht.

'B'fhearr liom an bhollóg mhór agus do mhallacht.'

Is mar sin a bhí. Shín sí chuici an bhollóg mhór.

'Sin í anois agat í agus nár éirí do bhóthar leat.'

Bhailibh sí léi agus i gcaitheamh an tráthnóna siar do bhuail tobar léi.

'Is cóir dom suí síos anso,' ar sise, 'le heagla go dtitfeadh an guí úd ar maidin orm. Mór an ní dhom an t-uisce a bheith agam anso.'

Chrom sí ar a bheith ag ithe, agus bhíodh sí ag ól an uisce leis an arán agus gan d'áras aici ach a lámh. Ní raibh mórán ite aici san am agus do bhuail an sprideoigín chuici.

'Brúscar nó bráscar,' ar sise, 'do thabharfainn dom ghearrcaigh atá i bpoll an chlaí le ráithe agus iad ag fáil bháis leis an ocras.'

'Níl brúscar ná bráscar agam,' ar sise, 'mar ná fuil mo dhóthain agam féinig.'

Do léim sí isteach sa tobar, agus do bhí sí á crothadh fhéin istigh sa tobar gur dhein sí uachtar fola dhó agus íochtar meala dhó.

'Bíodh an méid sin anois agat,' ar sise, 'mar gheall ar do chuid tormais.'

D'imigh sí uirthi chun an bhóthair agus do bhí bean thábhachtach ina coinne insa bhóthar. Bheannaíodar féin dona chéile. D'fhiafraigh an bhean di cá raibh sí ag dul mara miste dhi é dh'fhiafraí dhi. Dúirt sí gur ag lorg máistreás.

'Is maith mar a tharlaigh,' ar sise, 'máistreás ag lorg cailín agus cailín ag lorg máistreás.'

Do dheineadar margadh. Do chuadar go dtí 'n dtigh. Ar maidin amáireach dúirt an mháistreás léithi nach raibh aon chúram aici le cur uirthi ach aire a thabhairt don dtigh.

'Ach ná féach in airde insa tsimné!'

Bhíodar tamall i dteannta a chéile go síoch grách. I gceann áirithe laethanta do bhuail an tsaint an cailín agus dúirt sí go mbeadh fhios aici cad a bhí sa tsimné. Le linn í chur a ceann in airde do thit an *lump* mór airgid anuas chuici – mála mór óir.

'So súd ormsa,' ar sise, 'go n-ardódsa liom é seo.'

Agus í ag cur di do bhuail tigh léithi go raibh capall istigh ann.

'Mo chailín maith,' ar seisean, 'an gcuirfeá sop fém cheann?'

'Tá an iomarca deabhaidh orm,' ar sise.

Bhuail an tarna tigh léithi agus bó bhí ann.

'Caith isteach soipín chugam,' ar sise.

'N'fhéadfainn é,' ar sise, 'tá an iomarca deabhaidh orm.'

Bhí sí ag cur di is bhuail muileann léithi. Dúirt fear an mhuilinn léithi an bleathach so a chaitheamh isteach chuige 'on mhuileann. Dúirt sí go raibh an iomarca deabhaidh uirthi. Ní raibh sí ach ar an dtaobh amuigh an gheata nuair a dhein sé cith mór sneachtaidh uirthi agus b'éigeant di suí isteach cois an chlaí, agus nuair a tháinig an mháistreás abhaile chonaic sí an cailín agus a cuid airgid imithe. D'imigh sí uirthi ina diaidh. Bhuail an capall léi.

'The horse of mine,
the horse of thine,
did you see the girl of mine
with the wig,
with the wag,
with the long leather bag?
She stole all the gold I had gathered.'

'She's gone there out.'

Tharlaigh an bhó léithi.

'The cow of mine,
the cow of thine,
did you see the girl of mine
with the wig,
with the wag
with the long leather bag?
She stole all the gold I had gathered.'

'She is gone there out.'

Tharlaigh an muileann léithi

'The mill of mine,
the mill of thine

did you see the girl of mine
with the wig,
with the wag,
with the long leather bag?
She stole all the gold I had gathered.'

'*She is there out by you.'* arsa an muileann.

'Tabhair chugam anso isteach í,' ar sisean, 'go meilfead í.'
Thug sí isteach í agus do caitheadh 'on mhuileann í.

I gceann bliana dúirt an tarna hiníon leis an máthair go raibh
sé in am aici féin bheith ag déanamh di féin agus go raghadh
sí agus go gcífeadh sí an deirfiúr, go raibh bliain agus lá inniu
ó dh'imigh a deirfiúr. Dúirt sí léithi beagainín lóin a dhéanamh
suas di, go mb'fhéidir go mbeadh ocras uirthi sara mbuailfeadh
aon tigh léi.

Do dhein sí bollóg bheag agus bollóg mhór. Do dh'fhiafraigh
sí dhi cé acu a thógfadh sí, an bhollóg bheag agus a beannacht,
agus an bhollóg mhór agus a mallacht? Dúirt sí, i nDomhnach,
go dtógfadh sí an bhollóg mhór. Shín sí chuici í.

'Seo,' ar sise, 'is nár éirí do bhóthar leat.'
D'imigh sí chun bóthair agus do bhuail an tobar so léithi.

'Is fearra dhom suí síos anso,' ar sise, 'is mór an ní dom an
t-uisce,' ar sise, 'sara dtitfeadh an ghuí úd ar maidin orm.'

Mar sin a bhí. Bhí sí ag ithe agus í ag ól an uisce lena bais. Ní
raibh aon áras aici ach a lámh. Ní fada bhí sí nuair a tháinig an
sprideoigín chuici.

'Brúscar nó bráscar,' ar sise, 'a thabharfainn 'dtí mo ghearrcaigh
atá i poll an chlaí le ráithe ag fáil bháis leis an ocras,'.

'Níl brúscar ná bráscar agam,' ar sise, 'mar ná fuil mo dhóthain
agam fhéinig.'

Do léim sí isteach sa tobar, agus dh'iomlasc sí í féin istigh ann.
Do chuir sí barra fola air agus íochtar meala.

D'imigh an cailín chun an bhóthair agus insa phaiste céanna
sea bhí an *Lady* seo ina coinne. Bheannaíodar féin dona chéile.

D'fhiafraigh an *Lady* di cá raibh sí ag dul. Dúirt sí [ag] lorg ionad aimsire.

'Is maith mar a tharlaigh,' ar sise, 'máistreás ag lorg cailín agus cailín ag lorg máistreás. Deinimis margadh,' ar sise.

Agus do dheineadar, agus thug sí léithi go dtí an dtigh í. Ar maidin amáireach dúirt sí ná raibh aon chúram aici féin le cur uirthi ach an tigh a dh'aoireacht.

'Ach ná féach in airde insa tsimné!'

'So súd orm,' arsa an cailín, 'nach mór na laethanta a dh'fhanfadsa agat go mbeidh fhios agam cad tá ann.'

D'fhéach sí in airde insa tsimné agus nuair a chuir sí a ceann in airde do thit an *lump* anuas chuici.

Bhuail an capall léithi. Dúirt sí léithi soipín a chaitheamh isteach féna ceann, dá mbé a toil é. Dúirt sí ná féadfadh sí é, go raibh an iomarca deabhaidh uirthi.

Bhuail an muileann léi.

'Caith isteach an bleathach beag so chugam go meilfead é, más e do thoil é.'

'Tá an iomarca deabhaidh orm,' ar sise.

D'imigh sí. Ní raibh sí ach ar an dtaobh amuigh de gheata nuair a tháinig an sneachta uirthi. Chaith sí suí isteach cois an chlaí.

Nuair a tháinig an mháistreás chun an tí ní raibh sí roimpi. D'imigh sí uirthi ina diaidh. Bhuail an capall léi.

'The horse of mine,
the horse of thine,
did you see the girl of mine
with the wig,
with the wag,
with the long leather bag?
She stole all the gold I had gathered.'

'She's gone there out.'

Bhuail an bhó léi:

> 'The cow of mine,
> the cow of thine,
> did you see the girl of mine
> with the wig,
> with the wag
> with the long leather bag?
> She stole all the gold I had gathered.'

'She's gone there out.'

Bhuail an muileann léithi:

> 'The mill of mine,
> the mill of thine
> did you see the girl of mine
> with the wig,
> with the wag,
> with the long leather bag?
> She stole all the gold I had gathered.'

'She's there out by you.'

'Tabhair chugam isteach í,' a dúirt an muileann.

Thug sí isteach í agus do caitheadh isteach 'on mhuileann í is deineadh í a mheilt.

I gceann na bliana aríst do bheartaigh an tríú hiníon... dúirt an tríú hiníon go raibh sé in am aici féin imeacht anois, go raibh dhá bhliain is lá inniu ó dh'imigh a deirfiúr críonna, agus bliain agus lá ó d'imigh an tarna deirfiúr agus ná fuair éinne a dtuairisc riamh ó shin, ach go raibh sí féin ag cuimhneamh dob é sin guí a fuaireadar ar maidin.

'Dein suas beagán lóin domsa,' ar sise.

Dhein sí bollóg bheag agus bollog mhór, agus do dh'fhiafraigh sí cé acu a thógfadh sí, an bhollóg mhór agus a mallacht nó an bhollóg bheag agus a beannacht. Dúirt sí i nDomhnach go dtógfadh sí an bhollóg bheag agus a beannacht.

D'imigh sí chun an bhóthair agus do bhuail an tobar so léithi. Do shuigh sí síos agus do bhí sí ag ithe agus ag ól an uisce lena bais. Do tháinig an sprideoigín chuici.

'Brúscar nó bráscar,' ar sise, 'a thabharfainn dom ghearrcaigh atá i poll an chlaí le ráithe ag fáil bháis leis an ocras.'

'Suigh anso síos,' ar sise, 'agus ith do dhóthain, agus an méid a dh'fhanfaidh spártha,' ar sise, 'féadfair é a bhreith go dtí do ghearrcaigh.'

Do léim sí isteach 'on tobairín, agus do dhein sí barra meala dhó agus íochtar fola. Nuair a bhí sé caite aici, d'fhan oiread spártha ná féadfadh sí a dh'iompar.

'Sea anois,' ar sise, 'tabharfad an chomhairle seo dhuit,' arsa an spideog, 'gach éinne a bhuailfidh leat, an rud a loirgeoidh sé ort, dein rud air, agus níor chuaigh an mhaith amú ar éinne riamh ach an té nár dhein í. Dhá bhliain is lá inniu ghaibh do dheirfiúr críonna anso, agus dá dtabharfadh sí brúscar nó bráscar domsa a thabharfainn chun mo ghearrcach, ní bheadh sí meilte inniu. Agus bliain is lá inniu ghaibh do tharna dheirfiúr chugam, agus níor thug sí brúscar ná bráscar domsa le tabhairt chun mo ghearrcach, agus tá sí meilte inniu. Nuair a bhuailfidh an capall leat tabhair sop dó. Nuair a bhuailfidh an bhó leat tabhair sop di, agus nuair a bhuailfidh an muileann leat tabhair dó an rud a loirgeoidh sé. Beidh bean id choinne agus déanfaidh sí margadh aimsire leat. Déanfaidh sibh margadh lena chéile. 'Sé an cúram a chuirfidh sí ort ná an tigh a dh'aoireacht. Ní gá dhuit mórán aimsire a thabhairt ina teannta. Déarfaidh sí leat gan féachaint in airde insa tsimné, ach féach agus titfidh *lump* chugat. Tabhair leat é, ach dein rud ar an gcapall. Dein rud ar an mbó, agus dein rud ar an muileann agus éireoidh leat.'

191

Is mar sin a bhí. Bhí an bhean ina coinne agus do dheineadar margadh. Bheannaíodar féin dona chéile. D'fhiafraigh an *Lady* di cá raibh sí ag dul. Dúirt sí ag lorg máistreás.

'Is maith mar a tharlaigh,' a dúirt an *Lady*, 'máistreás ag lorg cailín agus cailín ag lorg máistreás.'

Dheineadar an margadh. Chuadar go dtí 'n dtigh. Maidin amáireach dúirt sí ná raibh aon chúram aici le cur uirthi ach an tigh a dh'aoireacht.

'Ach ná féach,' ar sise, 'in airde insa tsimné in aon chor.'

Bhailibh sí léithi.

'So súd ormsa,' arsa an cailín, 'ná beadsa i bhfad anso.'

D'fhéach sí in airde sa tsimné, agus do thit an *lump* anuas chuici. Bhailibh sí léithi. Bhuail an capall léithi.

'Mhuise, caith chugam soipín, más é do thoil é,' arsa an capall.

'Caithfead agus míle fáilte,' ar sise.

Bhuail an bhó léithi.

'Caith chugam soipín a chaitheamh chuici má b'é do thoil é,' adúirt an bhó léi.

'Caithfead agus fáilte,' ar sise.

Bhuail an muileann léi.

'An gcaithfeá isteach an bleathach seo chugam, má b'é do thoil é,' ar seisean.

'Caithfead agus fáilte,' ar sise.

Nuair a tháinig an mháistreas abhaile.

'Tá san mar sin,' ar sise.

D'imigh sí ina diaidh. Do bhuail an capall léi.

'The horse of mine,
the horse of thine,
did you see the girl of mine
with the wig,
with the wag,
with the long leather bag?
She stole all the gold I had gathered.'

'Tá sí anso istigh fém chosa, tar anso isteach chuici.'

Thug sí trup, thug sí dhá thrup [di], agus do chuir sí an doras amach í.

Bhuail an bhó léi.

> 'The cow of mine,
> the cow of thine,
> did you see the girl of mine
> with the wig,
> with the wag
> with the long leather bag?
> She stole all the gold I had gathered.'

'Tar anso isteach chugam,' arsa an bhó.

Bhuail sí pléasc is dhá phléasc is trí phléasc uirthi, is chuir sí an doras amach í.

Bhuail an muileann léithi agus ní raibh sí ró-ábalta ar dul ag triall air.

> 'Mill of mine,
> mill of thine
> did you see the girl of mine
> with the wig,
> with the wag,
> with the long leather bag?
> She stole all the gold I had gathered.'

'Tá sí anso istigh agam,' ar sise. 'Tar anso isteach chugam,' ar sise, 'go dtaispeánfadsa dhuit í.'

Do rug sé uirthi agus do mheil sé ó bhlúire go blúire í, agus n'fheacaigh éinne riamh ó shin í.

Tháinig an cailín abhaile agus thóg sí tigh, agus cheannaigh sí feirm thalún. Thug sí léithi a máthair agus dúirt sí nuair a bhíodar i dteannta a chéile agus iad socair sásta, gur mairg d'éinne a bhíonn go holc agus a bhíonn go bocht ina dhiaidh. D'eachtraigh sí dhona máthair mar gheall ar an spideog. Dob 'in é mar dúirt sí léithi, dá dtabharfadh na deirfiúracha aon ní dhi ná beidís marbh, agus dob í an spideog a thug di féin é.

'Ach is dócha,' a mháthair, 'nár dhein d'eascainí-se aon ana-mhaith dóibh.'

'B'in é a dtoil féin,' arsa an mháthair,' 'thógadar mo mhallacht in ionad mo bheannacht, ach d'fhág san ar an bhfán iad.

Do mhaireadar ansan go síoch grách i dteannta a chéile, is níor phós sí riamh ó shin.

Sin é mo scéalsa, is má tá bréag ann – má tá mórán ann, ní mise chuir ann iad.

B   An Báille Mór agus an Diabhal

Insint eile Bhab ar scéal 34 thuas. Taifeadadh téipe 1994, agus trascríobh le Ruth Uí Ógáin.

Báille a bhí ag siúl an bhóthair lá agus é ag dul go tigh baintrí mar ní raibh an cíos díolta acu agus bhí an báille chun iad a chur amach as an dtigh agus as an áitreabh. Bhí sé ag cur an bhóthair do agus cé a tháinig suas leis ná an t-áirseoir. Agus bhí an t-áirseoir ag insint do gurb é féin a bhí ann agus ar seisean leis an mbáille:

'Béarfadsa liom nach aon duine a gheobhad anois ar an saol so,' ar seisean, 'sin é a dheinim. Bím ag imeacht ag siúl romham agus éinne a tugtar dom le croí glan, tógaim iad.'

Is ea, bhíodar ag cur an bhóthair dóibh agus ní rabhadar rófhada nuair a chonaiceadar garsúinín ag rith trasna an bhóthair. Agus tar éis tamaill chonacadar a mháthair ag rith ina dhiaidh agus í ag glaoch air.

'Tar i leith go nífidh mé t'aghaidh go raghair ar scoil,' ar sise.

Agus cad a dhein an garsúinín ach rith roimpi aríst.

'Go mbeire an diabhal leis tú,' ar sise, 'mara fút ata an fuadar!'

'Ná béarfá leat an garsún san anois,' arsa an báille, 'ná fuil sí sin á thabhairt duit?'

'Tá mhuis, mo thrua mhór tú,' ar seisean, 'ní óna croí atá an chaint sin ag teacht aici sin in aon chor,' ar seisean, 'níl sí sin ach

195

á rá ar bharra a teangan.'

Bhíodar ag cur an bhóthair dóibh aríst, agus ní fada ó bhaile a bhíodar nuair a chonaiceadar cailín beag agus í in airde ar chlaí. Agus bhí tigh trasna an bhóthair ón ngort agus bhéic an cailín agus dúirt sí:

'A Mham, a Mham, tá an gabáiste sa gharraí á thógaint ag an gcráin.'

'Ó, go mbeire an diabhal ón ndúthaigh an chráin,' ar sise, 'ní hé sin an chéad uair aici. Fan go fóill, a chroí, agus beidh mé chugat.'

'Ná béarfá leat í sin anois?' arsa an báille leis an ndiabhal.

'Béarfaidh mé mhuis,' ar seisean, 'mo thrua do cheann, ní óna croí a tháinig sé sin in aon chor. Nach ann a bhí sí sin ana-bhuíoch don gcailin i dtaobh a dh'insint di go raibh an chráin ag tóch sa gharraí.'

D'imíodar leo ansan agus nuair a bhíodar ag déanamh ar an dtigh bhí beirt leanbh ón dtaobh amuigh agus dúradar:

'A Mham, a Mham, ó, tá an báille mór ag teacht! Cad a dhéanfaimid, cad a dhéanfaimid?' Is thosnaíodar ag gol.

'Ó, go mbeire an diabhal leis an báille mór,' ar sise, 'agus go mbeire gach a bhfuil de dhiabhail in ifreann leo é ina theannta san!'

'Béarfaidh mé liom tusa anois,' arsa an diabhal, 'mar tá san ag teacht óna croí, óna croí amach a tháinig sé sin anois.'

Thóg sé leis é is ní bhfuaireadh tásc ná tuairisc ar an mbáille riamh ó shin.

C   Of the friar who told the three children's fortunes

A Hundred Merry Tales (1525), eag. Klaf agus Hurwood 1964: 77-8.

There was a mendicant friar who went to seek alms in a certain town. In this town there lived a rich man from whom he could never get even a ha'penny. Nevertheless, he thought he would go again and try his luck.

The rich man's wife, who happened to be standing at the door, saw him coming when he was a long distance away. She knew the purpose of his mission and, gathering her children, she ordered them to stand at the entrance and to tell the friar that she was out, when he asked for her. When the friar saw her running inside, he suspected her motives, but he came to the door and asked for the mistress of the house. The children, doing as they were told, said that she was not within. Then the friar stood still, looking at the children. At last, he called the eldest boy to him and asked him to let him see his hand. When he saw the child's hand he exclaimed, "Oh, Jesus! What a future is in store for you!"

Then he asked the second son to show him his hand.

'Oh, God!' he exclaimed, 'what a destiny Fate has prepared for you!'

After that he looked at the third son's hand.

'Oh, God!' he exclaimed, 'your destiny will be the hardest of all.'

After this the friar started on his way. The rich man's wife having heard the pronouncements, suddenly ran out of the house and recalled the friar. She begged him to come in and sit down and then she set before him all the food she had. After he had eaten and drunk well, she asked him to tell her the destiny of her children. At last, after much hesitancy, he told her that the first would be a beggar, the second a thief, and the third a murderer. When the woman heard this, she took it so seriously that she fell down in a faint. The friar comforted her by saying that, although these were their fortunes, a remedy might yet be found. Then she begged him for his advice.

The friar replied, 'You must make the eldest, who is destined to be a beggar, into a friar; the second, who is destined to be a thief, into a lawyer; and the third, whom Fate ordains to be a murderer, into a physician.'

By this you may learn that those who come to people seeking something for themselves must first endeavor to deal with such matters that concern the people whom they approach.

Nóta ar an Athscríobh

Ní féidir taifeadtaí fuaime canúnacha a athscríobh sa tslí is nach ndéanfaí iomard ar an bhfocal ráite agus fós féin go seachnófaí an sórt litrithe a dhéanfadh an téacs dothuigthe don ghnáthléitheoir.

Maidir lenár n-iarrachtaí is cuí na gnéithe seo a leanas a chur san aireamh, toisc go bhfuil guth an scéalaí ag dul leis an bhfoilseachán seo, níl an gá céanna le mionsonraí fuaimnithe a léiriú mar atá i gcásanna eile. Níl an foilseachán seo dírithe go príomhdha ar scoláirí teanga ach an oiread. Tá sé d'ádh orainn go bhfuil flúirse foilseachán ann a thugann cabhair dóibh siúd ar mian leo mioneolas a fháil ar chúrsaí foghraíochta agus gramadaí i nGaeilge na Mumhan agus Chorca Dhuibhne go háirithe. Molaimid go raghaidis i muinín saothair mar an chaibidil 'Gaeilge na Mumhan' le Seán Ua Súilleabháin sa leabhar *Stair na Gaeilge* (Maigh Nuad 1995) eag. Kim McCone *et al.*, *An Teanga Bheo* (Baile Átha Cliath 1995) agus *Gaeilge Chorca Dhuibhne* (Baile Átha Cliath 2000) le Diarmuid Ó Sé, agus *Phonétique d'un parler irlandais de Kerry* (Paris 1931) agus *Description d'un parler irlandais de Kerry* (Paris 1938) le Marie Louise Sjoestedt (-Jonval). I saothar Sjoestedt agus in *Oral Literature from Dunquin, County Kerry* le Heinrich Wagner agus Nollaig Mac Congáil, tá athscríobh i litriú foghraíochta ar mhórán scéalta ó Dhún Chaoin ina bhfuil an chanúint cóngarach go maith do chaint Bhab. Anuas air seo uile, tá ábhar i litriú leathfhoghraíochta foilsithe ag Kenneth Jackson i *Scéalta ón mBlascaod*.

Ar a shon sin, is é an rogha atá deanta againn – mar a dheineamar in *Ó Bhéal an Bhab* – ná cloí chomh fada agus ab fhéidir leis an litriú a mholtar in *Foclóir Gaeilge-Béarla*, le Niall Ó Dónaill (Baile Átha Cliath 1977). Sna cásanna go gceadaítear leaganacha malartacha, cloímid leo siúd is cóngaraí do chanúint Bhab. Choimeádamar slán foirmeacha gramadaí na canúna, chun nach gcuirfí isteach ar rithim na teanga. D'fhágamar ann, chomh maith, roinnt focal agus nathanna a mheasamar a chaomhnaíonn blas na canúna, cé go dtagann said trasna ar ár dtreoracha féin ar uairibh. Fágaimid faoi léitheoirí grinne samplaí a aimsiú dóibh féin. Ar deireadh thiar, is ceart a lua gur dheineamar caighdeánú éigin in Aguisín A ar an leagan cartlainne den scéal 'Triúr Iníon na Baintrí' a bhailigh Seosamh Ó Dálaigh ó Mháire Ruiseal i 1936.

Táimid faoi chomaoin mhór ag mórán scoláirí a chuir comhairle fhial orainn maidir leis an athscríobh. Tá aitheantas tugtha againn dóibh sa nóta buíochais thuas. Na húdair amháin is cúis le haon mhírialtacht.

TRÁCHTAIREACHT

1 Coigilt na Tine

Taifeadta ag RÓC 2005. Tá grinnstaidéar ar an bpaidir seo déanta ag Séamas Ó Catháin (1992 agus 1999). Féach leis APD 244-46; Almqvist agus Ó Cathasaigh 2005: 136-7; Ó Héalaí agus Ó Tuairisg 2007: 30-3 (maille le nóta lch. 271).

2 Bailte sa Pharóiste

Taifeadta ag RÓC 2005. Tá véarsaí magúla den tsórt seo faoi bhailte fearainn, paróistí agus contaetha an-choitianta ar fud na hÉireann. Ba chúis gháire ag Bab i gcónaí go gcuirtí easpa tuisceana i leith na mban ina baile féin, ach níor luaigh sí míniú a seanathar gurbh iad 'na carraigreacha san abhainn' na mná gan tuiscint ach sa taifeadadh seo. Maidir leis na bailte fearainn seo agus logainmneacha eile i gCorca Dhuibhne, féach Ó Siochfhradha 1939.

3 Insa Seanathigh

Taifeadta ag RÓC 2004.
Tomás Ó Cíobháin: b'é siúd a chuir síleáil ar sháipéal Dhún Chaoin (Ó Cíosáin 1973, 256).

4 An Chuimhne is Sia Siar im Cheann

Taifeadta ag RÓC 2004. Tá tuairisc bheathaisnéiseach le Bab in Almqvist agus Ó Cathasaigh 2002: 53-5.
Muintir Shíthigh: D'aistrigh Pádraig 'ac Síthigh agus a chlann go Baile Ghib i gContae na Mí i 1937.

5 Seanmhná ag Caint cois Tobair

Taifeadta ag RÓC 2004. Tá an véarsa tairngreachta 'Liathaigh na liatha luaith…' go forleathan i nDún Chaoin.

6 Mo Thuras 'on Oileán

Taifeadta ag RÓC 1995.
Kruger: Muiris Caomhánach, tábhairneoir cáiliúil. Féach scéalta 9-11 agus na nótaí a bhaineann leo.
Seán Mhicil Ó Súilleabháin: scéalaí iomráiteach, athair do Sheáinín Mhicil, an veidhleadóir clúiteach atá luaite níos

déanaí san insint. Bhí de nós ag muintir an Oileáin a bheith i bpáirt le clanna ar leith ar an míntír. Bhí nasc mar sin idir na Guithínigh agus muintir Shúilleabháin an Oileáin. Maidir le turas Bhab 'on Oileán, féach chomh maith Almqvist agus Ó Cathasaigh, 2005: 44, fo-nóta 6.

7 Claidhreacht Charlie
Taifeadta ag RÓC 2005. Charlie, is é sin Seán Ó Conchúir nó *John Connor*, feirmeoir beag ó Cheathrú an Fheirtéaraigh. Tá flúirse scéalta faoina chleasa. Féach an Réamhrá.
Séamus Feiritéar: fear céile Bhab, go raibh sé de nós aici tagairt dó lena ainm is sloinne.
Sean'Mhártan: Mártan Ó hUallacháin (Mártan Mháire Mhic Craith). Cléireach an tsáipéil i nDún Chaoin ar feadh na mblianta.
Seán Ó Catháin (Seán Cooney nó Seán Ceaist): iaroileánach, comharsa béal dorais do Bhab, veidhleadóir cumasach.
Scig is ea an scéal seo faoin nós éadaí an duine mhairbh a chaitheamh ar aifreann. Chleachtaití an nós úd go forleathan i gCorca Dhuibhne fadó, cf. Seán Ó Súilleabháin 1956.

8 Charlie agus an Rón
Taifeadta ag RÓC 2005. Leaganacha eile ag BA 1975 agus 1976.
Ulick O'Connor: comharsa do Bhab a d'aistrigh lena chlann go Gaeltacht na Mí, faoi mar a dhein go leor clanna eile ó dhúthaigh Duibhneach i lár na haoise seo caite.

9 Kruger – An Fear féna Ghluaisteán Fhéin
Taifeadadh físe ag RÓC 1986 de sheisiún scéalaíochta le linn Éigse Dhún Chaoin. Maidir le Kruger go ginearálta, féach Ó Dúshláine, 1994 (mar a bhfuil mórán scéalta faoi ar lgh.16-46) agus Ó Lúing 1986.
Máire Sheosaimh: Máire de hÓra, máthair Kruger.
Cáit: Cáit Ní Néill, bean chéile Kruger.

10 Straip na Sála Arda

Taifeadadh físe ag RÓC 1986 mar i mír 9.

Tigh Mhollie: Óstán Mhollie Uí Chonchúir (nach raibh ann nuair a tharla an eachtra), an áit ina bhfuil brú ag An Óige i nDún Chaoin anois.

11 'Ní hé an tóinín a mheall tú…!'

Taifeadadh físe ag RÓC 1986 mar i mír 9. Sampla eile a léiríonn nach duine ceartaiseach í Bab; cf. uimh. 28 thíos.

Kate: Cáit, bean chéile Kruger, féach mír 9 thuas.

12 *Fairy* agus Púca

Taifeadta ag BA agus RÓC 2005.

Baintear feidhm as leasainmneacha greannmhara go forleathan i nDún Chaoin; 'Kruger' (Muiris Caomhánach), 'An Colonel' (Muiris Ó Scanláin), 'Pound' (Séamus Ó Lúing) gan trácht ar Bhab féin!

13 Cailín Deas Crúite na mBó

Taifeadadh de chuid RTÉ RnaG. Eachtraíodh an scéal d'Aogán Ó Muircheartaigh, é sa tsraith a craoladh i gcuimhne ar Bhab i 2006. Tá an t-amhrán agus an scéal a bhaineann leis go forleathan i gCorca Dhuibhne. Tá trí leagan ó Chúige Mumhan in 'ac Gearailt 2009: 96-100, mar atá an scéal chomh maith.

14 Fear Lios Póil

Taifeadadh físe 1986, ag Aonad Closamhairc agus Roinn na Gaeilge, Coláiste Mhuire Gan Smál, Ollscoil Luimnigh, a deineadh le linn seisiún scéalaíochta sa Choláiste. Scéal faoi shífhuadach é seo. Bhí scéalta eile den aicme chéanna ag Bab, ina measc ML 5085, *The Changeling*. Tá iliomad tagairtí do shísheanchas agus do shíscéalta ó Ghaeltacht Chorca Dhuibhne in Ó Héalaí agus Ó Tuairisg 2007: 281-2.

15 Seoithín Seo

Taifeadta ag RÓC 2005. Tá taifeadadh eile, ar fhístéip, a

deineadh i gColáiste Mhuire Gan Smál i 1993. Tá fonn ag dul leis na rannta, féach Shields 1993: 75.

16 Dán Thomáis Chriomhthain

Taifeadta ag RÓC 2005. Insint eile, ag Aonad Closamhairc agus Roinn na Gaeilge, Coláiste Mhuire Gan Smál, Ollscoil Luimnigh, a deineadh le linn seisiún scéalaíochta sa Choláiste. Chum Tomás Ó Criomhthain roinnt mhaith filíochta, idir véarsaí grinn, aortha agus rannta tírghrá a foilsíodh in *An Lóchrann* agus irisí eile. Tá fáil ar mhórchuid acu anois in Ó Conaire 1997, chomh maith.

Bhí spéis ar leith ag Bab sa dán ina mholann Tomás áilleacht agus maorgacht a theanga dhúchais, agus ba mhinic í á aithris. Céadfhoilsíodh é in *Tonn Tóime* (Laoide 1915: 65-9) agus is dealraitheach gur sa leabhar sin a bhí i seilbh Bhab, a fuair sí é.

17 'He says he ain't not hungry yet'

Taifeadta ag BA agus RÓC 2005.

18 'I'll never again play that game …'

Taifeadta ag BA agus RÓC 2005. Tráchtann James Stewart ar an scéal seo agus tugann sé leaganacha eile de, ina measc leaganacha ó Dhún Chaoin (Stewart 1977-9: 45-7, 244-58).

19 '*As* Sally was so good…'

Taifeadadh físe 1993, ag Aonad Closamhairc agus Roinn na Gaeilge, Coláiste Mhuire Gan Smál, Ollscoil Luimnigh, a deineadh le linn seisiún scéalaíochta sa Choláiste. Dúirt Bab linn go bhfuair sí an scéal ó Tom O'Donnell, bainisteoir uachtarlann Dhún Chaoin.

20 'Say "Nell"!'

Taifeadadh físe ag RÓC 1993 mar i mír 19. Tá imeartas rí-anamúil idir an scéalaí agus a lucht éisteachta le clos sa taifeadadh seo.

21 Lá 'le Gobnait

Taifeadadh de chuid RTÉ RnaG. Eachtraithe do Mhícheál Ó Sé agus é sa tsraith a craoladh i gcuimhne ar Bhab i 2006. Féach Ó Criomthain 1956: 206-10, 257-8; ua Maoileoin 1978: 78-86.

22 Tubaist Lá 'le Gobnait

Taifeadadh de chuid RTÉ RnaG. Eachtraithe do Mhícheál Ó Sé, agus é sa tsraith a craoladh i gcuimhne ar Bhab i 2006. Féach Ó Criomhthain 1956: 219-10, 258.

23 'Is mairg ná glacann ciall ...'

Taifeadta ag RÓC 2005. Maidir le Piaras agus a chuid dánta go ginearálta, féach ua Duinnín 1934; Muldowney 1999; Flower 1944: 84-91; Ó hÓgáin 1985: 174-8; Ó Beoláin 1985: 38-49 agus French 2009: 36-54.

Maidir le scéalta a chuirtear i leith Phiarais féach Ó hÓgáin 1985: 174-8 agus 219; Ó hÓgáin 2000: 200-1; Ó hÓgáin 2006: 224-5. Féach chomh maith Ó Criomthain 1956: 211-8, 258; ua Maoileoin 1960: 100-8.

Do 'Is mairg ná glacann ciall' féach ua Duinnín 1934: 27-8. Luaitear an véarsa chomh maith le Piaras Mac Gearailt, file ón naoú haois déag (mar shampla i CBÉ: 184-221).

24 Piaras agus an Dall sa Chúinne

Taifeadta ag RÓC 2005. Féach ua Duinnín 1934: 27-2.

25 Scairt Phiarais

Taifeadta ag RÓC 2005. Féach ua Duinnín 1934; Ó Criomhthain 1956: 213; Muiris Ó Súilleabháin 1933: 94-100; Ó hÓgáin 1985: 175.

26 Aogán Ó Rathaille agus an Ceannaí Glic

Taifeadadh de chuid RTÉ RnaG, Eachtraithe do Aogán Ó Muircheartaigh, é sa tsraith a craoladh i gcuimhne ar Bhab i 2006. Cumasc é seo bunaithe ar dhá bhrí na bhfocal 'is airde' ('an pointe is airde' agus 'an luach is airde') agus scéal ar a dtugann Seán Ó Súilleabháin agus Christiansen 1963: (TIF: lch. 335), 'An Irish by-form' de AT 2009, *Origin of Chess* (féach chomh maith, ATU Tíopa 2009). Maidir le Ó Rathaille sa bhéaloideas féach Ó hÓgáin 2006: 401-2.

27 Bríde Liath

Taifeadta ag BA agus RÓC 2005. Maidir leis an nGorta Mór i mbéaloideas na hÉireann go ginearálta féach Póirtéir 1995 agus 1996 agus Ó Gráda 1994. Féach chomh maith Lysaght 1996-'97: 116-8 ina bhfuil cur síos ar leagan ó Pheig Sayers. Leagan eile ó Bhab taifeadta ag BA 1998. Féach plé ar an scéal thuas sa Réamhrá. Féach chomh maith Póirtéir 1996: 186-7.

28 Dónal Ó Conaill agus Leaca Londain

Taifeadta ag BA agus RÓC 2005. Tá breis agus leathchéad scéal béaloidis faoi Dhónal Ó Conaill rangaithe in Ríonach uí Ógáin 1984 (mar a bhfuil an scéal seo pléite lch. 156) agus 1995: 187. Féach chomh maith Ó hÓgáin 2006: 406-9.

29 de Valera mar Rí

Taifeadta ag BA agus RÓC 2005. Tá cur síos ar de Valera sa bhéaloideas in Ó hÓgáin 1990.

Séamas Mac an tSaoi: mac leis an bpolaiteoir cáiliúil Seán Mac an tSaoi (1890-1984).

Máire Mhac an tSaoi: an banfhile cáiliúil, deirfiúr Shéamais.

Sagart na Cille: a n-uncail, An Moinsíneoir Pádraig de Brún (1889-1960), a raibh tigh samhraidh aige ar an gCill i nDún Chaoin.

30 Mac de Valera Leigheasta

Taifeadta ag BA agus RÓC 2005. Ba é tuairim Bhab gurbh é an mac a bhí i gceist ná Vivion, a bhí ina Mhaor-Ghinearál, agus ina Stiúrthóir Bainistíochta ar *Scéala Éireann* ina dhiaidh sin.

Tá trácht ó ré na Meánaoiseanna ar an bplanda le préamhacha i riocht duine a chaithfí a cheangal d'eireaball madra lena stoitheadh. Is é atá i gceist ná an *mandragora* (mandrác). Chreidtí gur faoi choirpeach crochta a d'fhásadh sé (Bächtold-Stäubli 1927: 312-24; De Cleene agus Lejeune 2003: 336-57; agus féach chomh maith M. Grieve faoi http://www.botanical.com/botanical/mgmh/m/mandra10.html). *Máire Ruiséal*: ('Máire an Tobair' nó 'Cú an Tobair') seanaintín Bhab, scéalaí iomráiteach. Bhí cáil uirthi mar bhean leighis agus mar bhean feasa. Bhí síbín aici chomh maith, atá luaite san úrscéal *Bríde Bhán* (ua Maoileoin 1968: 121-5).

31 Triúr Iníon na Baintrí
Taifeadadh de chuid RTÉ RnaG. Eachtraithe do Mhícheál Ó Sé agus é sa tsraith a craoladh i gcuimhne ar Bhab i 2006. Leagan de ATU 480, *The Kind and the Unkind Girls* atá ann. Tá 106 leagan Éireannacha áirithe i TIF faoin Tíopa 480, *The Spinning Woman by the Spring*.

Dúirt Bab gurbh óna seanaintín Máire Ruiséal a fuair sí an scéal, Thóg Seosamh Ó Dálaigh an scéal faoi dhó uaithi (CBÉ 469: 27-46; i gcló in Aguisín A san fhoilseachán seo), agus ag Heinrich Wagner (Wagner agus Mac Congáil 1983: 206-15). Is leid iad na véarsaí sa scéal gurbh ó fhoinse Béarla a d'eascair sé i dtús báire, agus is ar éigean a thuig Máire na véarsaí toisc nach raibh ach fíorbheagán Béarla aici.

32 Na Trí Chomhairle
Taifeadadh de chuid RTÉ RnaG. Eachtraithe do Aogán Ó Muircheartaigh agus é sa tsraith a craoladh i gcuimhne ar Bhab i 2006. Féach Verling 2007: 449-51 mar a bhfuil leagan Mhaidhc Dháith den scéal, agus a insint le clos ar Rian 12, Diosca 1.

Leagan de ATU 480, *The observance of the Master's Precepts* atá ann. Tá 312 leagan den scéal bailithe in Éirinn, ina measc leagan ó Pheig Sayers a thóg Kenneth Jackson (1937: 25-8) agus iad áirithe i TIF faoin Tíopa 480, *The*

Servant's Good Counsels.

Leagan den scéal is ea SM 83 chomh maith. Tá grinnstaidéar ar an scéal déanta ag Jean-Pierre Pichette 1991, agus Barbara Hillers 1997. Tá leaganacha eile den scéal bailithe ag BA, 1976 agus RUíÓ, 1994.

33 An Bráthair Bocht

Taifeadta ag BA agus RÓC 2005. Leagan de ATU 921B*, *Thief, Beggar, Murderer* atá ann. (Is dócha nár tugadh faoi ndeara go raibh an sceal á insint in Éirinn cheana, níl sé áirithe i TIF, pé scéal é). Tá an scéal i gcló i luath-chnuasaigh ghrinn Shasana ó Ré na hAthbheochana. Féach, mar shampla, *A Hundred Merry Tales* ó 1525 Hazlitt 1887: 160 (uimh. 48).

34 An Báille Mór agus an Diabhal

BA 2001. Insint eile, taifeadta ag RUíÓ i 1994, in Aguisín B. Leagan de ATU 1186, *The Devil and the Lawyer;* Tubach 1969: uimh.1574. Tá 63 leagan áirithe i TIF faoin Tíopa 1186, *With his Whole Heart*, ach baineann a bhformhór le tíopaí eile ó cheart, agus dealraíonn nach bhfuil ach thart ar dhosaen leagan bailithe in Éirinn. Tá siad sin cíortha in Ní Dhuibhne 1980-81: 86-134; agus Ní Dhuibhne-Almqvist 2001. Féach chomh maith Holmer 1965: 258-9; agus Verling 2007: 311-2.

35 An Bhó a dh'Ith an Peidléir

Taifeadta ag BA agus RÓC 2005. Leagan ATU 1181A, *Getting Rid of the Man-eating Calf*, cf. AT 1537* *Corpse's Legs Left.* Tá 40 leagan áirithe i TIF faoin Tíopa 1281A. Cf. SM 80. Tá plé ar an scéal in Ní Dhuibhne-Almqvist 1999 ina bhfuil leagan taifeadta ag BA 1975, agus aistriúchán Béarla ina theannta. Bhailigh RUíÓ leagan den scéal chomh maith i 1994.

36 An Scáthán

Taifeadta ag BA agus RÓC 2005. Leagan de ATU 1336A, *Not Recognizing Own Reflection* atá ann; 41 leagan i TIF faoin

Tíopa 1336A, *Man Does not Recognise his own Reflection in the Water (Mirror)*. Tá an scéal pléite ag Zimmermann 2001, 349-52.

37 'Bhí dhá ghé ann!'

Taifeadta ag BA agus RÓC 2005. Insintí eile taifeadta ag BA i 1976 agus RUíÓ i 1994. Leagan de ATU 1365, *The Obstinate Wife* atá ann. Tá an scéal forleathan in Éirinn. Féach TIF faoin Tíopa 1365A agus 1365B. Is dócha gurbh in *An Cúigeadh Leabhar* (Laoide 1914: 2) a fuair Bab an scéal seo.

38 An Scoláire Fealsúnachta

Taifeadadh físe 1993, ag Aonad Closamhairc agus Roinn na Gaeilge, Coláiste Mhuire Gan Smál, Ollscoil Luimnigh, a deineadh le linn seisiún scéalaíochta sa Choláiste. Leagan de ATU 1553B, *The Third Egg*. (Níl an Tíopa seo in AT ná in TIF, agus ní luaitear in ATU go bhfuil sé in Éirinn). Tá an scéal i gcnuasaigh ghrinn Shasana ó Ré na hAthbheochana, mar shampla *A Hundred Merry Tales,* 1525 agus *Scoggins Jest,* 1565. Féach Klaf agus Hurwood 1964: 9-16.

39 Seán Chiarraí

Taifeadadh físe 1993, ag Aonad Closamhairc agus Roinn na Gaeilge, Coláiste Mhuire Gan Smál, Ollscoil Luimnigh, a deineadh le linn seisiún scéalaíochta sa Choláiste. Leagan de ATU 1562A, '*The Barn is Burning*!' Tá 64 leagan in TIF faoin Tíopa 1940, *The Extraordinary names.*

40 An Buachaill ná Feaca Bean Riamh

Taifeadadh de chuid RTÉ RnaG. Eachtraithe do Áine Uí Laoithe agus é sa tsraith a craoladh i gcuimhne ar Bhab i 2006. Tá insintí eile taifeadta ag BA 1976 agus RUíÓ 1994. Leagan de ATU 1678, *The Boy who had Never seen a Woman* atá ann. Féach chomh maith Tubach 1969: uimh. 1571 agus 5365. Tá 41 leagan áirithe in TIF.

41 Mac na hÓighe Slán

Taifeadadh de chuid RTÉ RnaG. Eachtraithe do Mháire Ní Chéilleachair agus é sa tsraith a craoladh i gcuimhne ar Bhab i 2006. Insintí eile bailithe ag BA 1975 agus 1976. Cf. ATU 1960C, *The Miracle of the Cooked Chicken.* Níl an scéal in SC. Dhein Anne O'Connor staidéar ar an scéal seo in Éirinn (O'Connor 1980).

42 Trí Mhallacht Naomh Pádraig

Taifeadadh físe 1993, ag Aonad Closamhairc agus Roinn na Gaeilge, Coláiste Mhuire Gan Smál, Ollscoil Luimnigh, a deineadh le linn seisiún scéalaíochta sa Choláiste. Is é is dóichí gurbh é SC 73 an fhoinse a bhí ag Bab.

43 Paidir Naomh Pádraig

Taifeadta ag RÓC 2004. I gcló cheana in Almqvist agus Ó Cathasaigh 2005: 136-7. Maidir le paidreacha dúchais go ginearálta, féach Ó Héalaí 1979. Féach chomh maith Donla uí Bhraonáin 2008. Dúirt Bab gur 'paidear í seo gurbh éigean dúinn go léir í a dh'fhoghlaim ar scoil'.

44 Naomh Bríd agus an Bhean Rialta Dhall

Taifeadta ag BA agus RÓC 2005. Scéal míorúilte é seo a insítear faoi mhórán naomh seachas Bríd.

45 Teagasc Naomh Bríd

Taifeadta ag RÓC 2004. Leaganacha eile taifeadta ag BA 1976 agus RUíÓ 1994. SM 224.

46 Ortha an Ghreama

Taifeadta ag BA agus RÓC 2005. I gcló cheana in Almqvist agus Ó Cathasaigh 2005: 138. Maidir le horthaí go ginearálta i gCorca Dhuibhne féach SM: 360-75, leagan de Ortha an Ghreama lch. 361. Maidir leis an scéal a leanann an ortha seo, féach Sayers 1936: 241-4.

47 Ortha An Fhuil Shróin

Taifeadta ag BA agus RÓC 2005. Leagan eile i gcló in Almqvist agus Ó Cathasaigh 2005: 138. SM 181.

48 Ortha an Tromluí

Taifeadta ag BA agus RÓC 2005. I gcló cheana in Almqvist agus Ó Cathasaigh 2005: 138. APD 312.

49 Paidir Oíche Nollag Mór

Taifeadta ag BA agus RÓC 2005. Tugtar tuairisc bhreise ar chomhthéacs na paidre in Almqvist agus Ó Cathasaigh 2005: 136.

50 Paidir Oíche na Coda Móire

Taifeadta ag RÓC 2004. I gcló cheana in Almqvist agus Ó Cathasaigh 2005: 144. Maidir leis an bpaidir seo féach, Danaher 1972: 259-61.

51 Paidir an Domhnaigh

Taifeadta ag RÓC 2004. I gcló cheana in Almqvist agus Ó Cathasaigh 2005: 139. APD 59. Féach chomh maith SM 241.

52 Aifreann an Domhnaigh

Taifeadta ag RÓC 2004. Tá na rannta cráifeacha seo forleathan i gCorca Dhuibhne.

53 Paidir a scrígh an Mhaighdean Mhuire ar an Leac

Taifeadta ag RÓC 2004. I gcló cheana in Almqvist agus Ó Cathasaigh 2005: 137.

54 Paidir do na Mairbh

Taifeadta ag BA agus RÓC 2005. I gcló cheana in Almqvist agus Ó Cathasaigh 2005: 144-5. Cf. APD 283.

55 Paidir tar éis Adhlacadh Coirp

Taifeadta ag BA agus RÓC 2005.

56 Paidir ag Dul thar Reilig

Taifeadta ag RÓC 2004. Leagan eile i gcló in Almqvist agus Ó Cathasaigh 2005: 139-40. APD 200.

57 Paidir cois Leachta

Taifeadta ag BA agus RÓC 2005. Féach MacNeill 1946: 49-63.

58 Paidir ag Dul thar Uisce

RÓC 2004. I gcló cheana in Almqvist agus Ó Cathasaigh 2005: 140. APD 221.

59 An Choróin Pháirteach

Taifeadta ag BA agus RÓC 2005. I gcló cheana in Almqvist agus Ó Cathasaigh 2005: 140-141. APD 346.

60 An *Memorare*

Taifeadta ag RÓC 2004. I gcló cheana in Almqvist agus Ó Cathasaigh 2005: 141-42. Dúirt Bab faoin bpaidir seo: 'Múineadh ar scoil dúinn í. Ó, déarfá í sin aon uair a bheadh trioblóid ort. Is cuimhin liom go dianmhaith nuair a bhí mo dheirfiúr breoite gurb í sin an phaidir a bhíodh am choimeád im bheathaigh'.

NODA AGUS FOINSÍ

Noda

APD	*Ár bPaidreacha* Dúchais, eag. Diarmuid Ó Laoghaire
AT	Antti Aarne agus Stith Thompson, *The Types of the Folktale* 1991
ATU	Hans-JörgUther, *The Types of International Folktales*
BA	Bo Almqvist
RÓC	Roibeard Ó Cathasaigh
CBÉ	Cnuasach Bhéaloideas Éireann.
RUíÓ	Ruth Uí Ógáin
RnaG	RTÉ Raidió na Gaeltachta
SC	*Scéalta Cráibhtheacha*, eag. Seán Ó Súilleabháin
SM	*An Seanchaidhe Muimhneach*, eag. Pádraig Ó Siochfhradha (An Seabhac)
TIF	Ó Súilleabháin agus Christiansen, *The Types of the Irish Folktale* 1963.

Cartlanna srl.

CBÉ An Coláiste Ollscoile, Baile Átha Cliath
Cartlann Ionad na Gaeilge Labhartha, Coláiste Ollscoile Chorcaí
RTÉ Raidió na Gaeltachta

Idirlíon:

http://www.botanical.com/botanical/mgmh/m/mandra10.html
http://www.ucc.ie/en/DepartmentsCentresandUnits/RoinnanBhealoidisDepartmentofFolkloreEthnology/CornBhabFeiriteir/

Saothair Luaite

Aarne, Antti agus Thompson, Stith 1991. *The Types of the Folktale.* (FF Communications 194). Helsinki.

'ac Gearailt, Breandán 2005. 'An duine is uaisle'. *Foinse.* 12 Meitheamh 2005.

2009. *An Blas Muimhneach*, Baile Átha Cliath.

Almqvist, Bo 1994. 'Kruger i mBéal na nDaoine'. In: Tadhg Ó Dúshláine (eag.) *Is Cuimhin Linn Kruger: Kruger Remembered.* Maigh Nuad, 16-24.

2005. 'In Memoriam, Bab Feiritéar (1916-2005)'. *Béaloideas* 73: 177-80.

Almqvist, Bo agus Ó Cathasaigh, Roibeard (eag.) 2002. *Ó Bhéal an Bhab.* Indreabhán.

2005. 'Sólás agus Leigheas ins gach aon trioblóid'. Paidreacha agus Orthaí ó Bhab Feiritéar. *Béaloideas* 73: 135-45.

An Caomhnóir, Nuachtlitir Fhondúireacht an Bhlascaoid 1998, uimh 5.

An Seabhac, féach Ó Siochfhradha.

Anon. 2005 'Renowned scéalaí with storytelling in her blood'. *Irish Times*, 6/6/2005.

Bächtold-Stäubli, Hanns 1927. *Handwörterbuch des deutschen Aberglaubens,* Band 1. Berlin agus Leipzig.

Coghill, Nevill (aist.) 2009. *Geoffrey Chaucer, The Canterbury Tales*, Penguin Classics. London.

Danaher, Kevin 1972. *The Year in Ireland*. Cork.

De Cleene, Marcelle agus Lejeune, Marie Claire 2003. *Compendium of Symbolic and Ritual Plants in Europe*, Vol. 11: *Herbs*. Ghent.

de Mórdha, Mícheál, 2005. 'Banríon na Scéalta'. *Foinse*. 12 Meitheamh 2005.

Dégh, Linda 1969. *Folktales and Society, Story-telling in a Hungarian Peasant Community*. Bloomington, Indiana.

Flower, Robin 1944. *The Western Island*. Oxford.

French, Noel E. 2009. 'Piaras Feiritéar'. *Journal of the Kerry Archaeological and Historical Society*, Series 2, Vol. 9: 36-54.

Gillet, Louis 1941. *Stèle pour James Joyce*. Marseille.

Hazlitt, William Carew 1887. *A Hundred Merry Tales: the earliest English jest-book: Now first reproduced in photo-lithography from the unique copy of 1526 in the Royal Library at Göttingen*. London.

Hillers, Barbara 1997. *The Medieval Irish Odyssey: "Merugud Uilixis meic Leirtis"*. Diss. Harvard.

Holmer, Nils M. 1965. *The Dialects of Co. Clare*. Part ii. Dublin.

Hyde, Douglas 1936. *Ocht Sgéalta ó Choillte Mághach*. Baile Átha Cliath.

    1939. *Sgéalta Thomáis Uí Chathasaigh*. Baile Átha Cliath.

Jackson, Kenneth 1937. *Scéalta ón mBlascaod*. Baile Átha Cliath.

Kiberd, Declan 1995. *Inventing Ireland.* London.

2009. *Ulysses and Us.* London.

Klaf, Franklin S. agus Hurwood, Berndhardt J. (eag.) 1964 (1525). *A Hundred Merry Tales.* New York.

Laoide, Seosamh 1914. *An Cúigeadh Leabhar* (foilsithe chomh maith faoin teideal *Réalta de'n Spéir*). Baile Átha Cliath.

1915. *Tonn Tóime*, Baile Átha Cliath.

Lysaght, Patricia 1996-97. 'Perspectives of Women during the Great Irish Famine from Oral Tradition'. *Béaloideas* 64-65: 63-130.

Mac Gearailt, féach 'ac Gearailt.

MacNeill, Máire 1946. 'Wayside Death Cairns in Ireland'. *Béaloideas* 16: 49-63.

Muldowney, Pat (eag.) 1999. *Dánta Phiarais Feiritéir, Poems with translations.* Cork.

Ní Dhomhnaill, Nuala 1981. *An Dealg Droighin.* Baile Átha Cliath agus Corcaigh.

1984. *Féar Suaithinseach.* Maigh Nuad.

Ní Dhuibhne, Éilís 1980-81. 'Ex Corde'. *Béaloideas* 48-9: 86-134.

Ní Dhuibhne-Almqvist, Éilís 1999. 'The Cow that ate the Pedlar in Kerry and Wyoming'. *Béaloideas* 67: 125-34.

2001. 'Fer in the North Countree: "With his whole Heart" Revisited'. *Northern Lights, Following Folklore in North-Western Europe. Aistí in adhnó do Bho Almqvist*: 202-214. Dublin.

Ní Longáin, Ruth 1996. *Scéalaíocht Bhab Feiritéar*. Tráchtas neamhfhoilsithe.

Ní Mhurchú, Máire agus Breathnach, Diarmuid 2007. *Beathaisnéis a Naoi,* Baile Átha Cliath.

Ó Beoláin, Art 1985. *Merriman agus Filí Eile*. Baile Átha Cliath.

Ó Catháin, Séamas 1992. 'Hearth-Prayers and other Traditions of Brigit: Celtic Goddess and Holy Woman'. *Journal of the Royal Society of Antiquaries of Ireland* 122: 12-34.

  1999. 'The Irish Prayer for Saving the Fire'. In: Ü. Valk (eag.), *Studies in Folklore and Popular Religion* 2: 35-50. Tartu.

Ó Cathasaigh, Roibeard (eag.) 1998. *Rabhlaí Rabhlaí*. Baile an Fheirtéaraigh/ Luimneach.

  2003. *Scéilín Ó Bhéilín*. Baile an Fheirtéaraigh/Luimneach.

Ó Ciosáin, Mícheál (eag.) 1973 agus 2005. *Céad Bliain 1871-1971*. Baile an Fheirtéaraigh.

Ó Conaire, Breandán 1997. *Bloghanna ón mBlascaod*. Baile Átha Cliath.

O'Connor, Anne 1980. '"Mac na hÓighe Slán"'. *Sinsear* 2: 34-42.

Ó Criomhthain,Tomás 1956. *Seanchas ón Oileán Tiar*. Robin Flower do sgríobh, Séamus Ó Duilearga do chuir in eagar le réamhrá agus nótaí. Baile Átha Cliath.

Ó Cróinín, Breandán 2005. 'Banríon na Scéalaithe'. *Limerick Leader,* June 25: 14.

Ó Duilearga, Séamus (eag.) 1948. *Leabhar Sheáin Uí Chonaill*.

Baile Átha Cliath (an tríú heagrán: Scríbhinní Béaloidis 3. Baile Átha Cliath.1977).

1981: *Leabhar Stiofáin Uí Ealaire*. Scríbhinní Béaloidis 8. Baile Átha Cliath.

Ó Dubhshláine, Mícheál 2005. *'Cáit "Bab" Feiritéar'. An Caomhnóir* 26: 22.

Ó Dúshláine, Tadhg (eag.) 1994. *Is Cuimhin Linn Kruger: Kruger Remembered.* Maigh Nuad.

Ó Gráda, Cormac 1994. *An Drochshaol, Béaloideas agus Amhráin.* Baile Átha Cliath.

Ó Héalaí, Pádraig 1979. 'Na Paidreacha Dúchais'. *Léachtaí Cholm Cille* 10: 131-52.

1996. 'The Priest in Irish Fairy Legends'. In L. Petzoldt, (eag.) *Folk Narrative and World View*. (Beiträge zur Europäischen Ethnologie und Folklore, Band 7, Teil 2). Frankfurt am Main.

Ó Héalaí, Pádraig agus Ó Tuairisg, Lochlainn (eag.) 2007. *Tobar an Dúchais. Béaloideas as Conamara agus Corca Dhuibhne.* Indreabhán.

Ó hÓgáin, Dáithí 1982. 'de Valera agus cultúr na nDaoine'. *Inniu* 21 Deireadh Fómhair: 9,10; 5 Samhain: 7,12.

1985. *The Hero in Irish Folk History.* Dublin & New York.

2006. *The Lore of Ireland. An Encyclopedia of Myth, Legend and Romance.* Cork.

Ó Laoghaire, Diarmuid 1975. *Ár bPaidreacha Dúchais.* Baile Átha Cliath.

Olrik, Axel 1965. 'Epic Laws of Folk Narrative'. *The Study of Folklore* (eag.) Alan Dundes. Englewood Cliffs, N. J.: 129-41.

Ó Lúing, Seán 1986. *Kruger.* Baile Átha Cliath.

Ó Ríordáin, Seán 1971. *Línte Liombó.* Baile Átha Cliath.

Ó Sé, Diarmuid 2000. *Gaeilge Chorca Dhuibhne.* Baile Átha Cliath.

Ó Siochfhradha, Pádraig (eag.) 1932. *An Seanchaidhe Muimhneach.* Baile Átha Cliath.

   1939. *Triocha-céad Chorca Dhuibhne.* Baile Átha Cliath.

Ó Súilleabháin, Muiris 1933. *Fiche Blian ag Fás.* Baile Átha Cliath.

   1976. *Fiche Blian ag Fás.* Má Nuad.

Ó Súilleabháin, Muiris, féach chomh maith, O'Sullivan, Maurice.

Ó Súilleabháin, Seán 1952. *Scéalta Cráibhtheacha.* Baile Átha Cliath.

   1956. 'Two Death Customs in Ireland'. *Arctica. Essays presented to Åke Campbell (Studia Ethnographica Uppsala 19)*: 208-15. Stockholm.

Ó Súilleabháin, Seán agus Christiansen, Reidar 1963. *The Types of the Irish Folktale.* (FF Communications 188). Helsinki.

O'Sullivan, Maurice 1933. *Twenty Years A-Growing.* London.

Pichette, Jean-Pierre 1991. *L'observance des conseils du maître, Monographie internationale du conte type A.T. 910 B précédé d'une introduction au cycle des bons conseil (AT 910-915).* (FF Communications 250). Helsinki.

Póirtéir, Cathal 1995. *Famine Echoes.* Dublin.

1996. *Glórtha an Ghorta. Béaloideas na Gaeilge agus an Gorta Mór.* Baile Átha Cliath.

Robinson, F. N. (eag.) 1966. *The Works of Geoffrey Chaucer.* London.

Sayers, Peig 1936. *Peig.* Baile Átha Cliath agus Corcaigh.

Shields, Hugh 1993. *Narrative Singing in Ireland.* Dublin.

Stewart, James 1977-79. 'The game of "An bhfuil agat? – Tá", or the uses of bilingualism'. *Béaloideas* 45-47: 244-58.

Synge, John Millington 1966. *J. M. Synge Collected Works,* Vol. 11. London.

Tubach, Frederick C. 1969. *Index exemplorum* (FF Communications 204). Helsinki.

Ua Duinnín, Pádraig (eag.) 1934. *Dánta Phiarais Feiritéir.* Baile Átha Cliath.

ua Maoileoin, Pádraig 1960. *Na hAird ó Thuaidh.* Baile Átha Cliath.

1978. *Ár Leithéidí Arís.* Baile Átha Cliath.

1968. *Bríde Bhán.* Baile Átha Cliath.

uí Bhraonáin, Donla 2008. *Paidreacha na Gaeilge: Prayers in Irish.* Baile Átha Cliath.

uí Ógáin, Ríonach 1984. *An Rí gan Choróin.* Baile Átha Cliath.

1995. *Immortal Dan, Daniel O'Connell in Irish Folk Tradition.* Dublin.

2005. 'Dónall Ó Conaill sa traidisiún béil'. In: Seán Mac an tSithigh (eag.), *An Dragún Dian, Dónall Ó Conaill.* (Éigse na Brídeoige): 33-42.

Uther, Hans-Jörg 2004. *The Types of International Folktales. A Classification and Bibliography* I-III (FF Communications 284-286). Helsinki.

Verling, Máirtín (eag.) 2007. *Leabhar Mhaidhc Dháith, Scéalta agus Seanchas ón Rinn.* An Daingean.

Wagner, Heinrich agus Mac Congáil, Nollaig 1983. *Oral Literature from Dunquin, County Kerry.* (Studies in Irish Language and Literature, Department of Irish and Celtic Studies, Q.U.B. Vol. 6). Belfast.

Zimmermann, Georges, Denis 2001. *The Irish Storyteller.* Dublin

NA RIANTA

NA RIANTA

CD 2

Tagraíonn na huimhreacha idir lúibíní d'uimhreacha na míreanna sa leabhar.